D1440936

WITHDRAWN

Jorge Sintes Pros

VIRTUDES CURATIVAS

del

PLÁTANO

EDICIONES OBELISCO

Si este libro le ha interesado y desea que le mantengamos informado de nuestras publicaciones, escríbanos indicándonos qué temas son de su interés (Astrología, Autoayuda, Ciencias Ocultas, Artes Marciales, Naturismo, Espiritualidad, Tradición...) y gustosamente le complaceremos.

Puede consultar nuestro catálogo en www.edicionesobelisco.com

Los editores no han comprobado la eficacia ni el resultado de las recetas, productos, fórmulas técnicas, ejercicios o similares contenidos en este libro. Instan a los lectores a consultar al médico o especialista de la salud ante cualquier duda que surja. No asumen, por lo tanto, responsabilidad alguna en cuanto a su utilización ni realizan asesoramiento al respecto.

Colección Salud y Vida natural
Virtudes curativas del plátano
Jorge Sintes Pros

1.ª edición: abril de 2013

Maquetación: *Marta Rovira Pons*
Corrección: *Sara Moreno*
Imagen de cubierta: Fotolia

© Jorge Sintes
(Reservados todos los derechos)
© 2013, Ediciones Obelisco S. L.
(Reservados los derechos para la presente edición)

Edita: Ediciones Obelisco S. L.
Pere IV, 78 (Edif. Pedro IV) 3.ª planta 5.ª puerta
08005 Barcelona-España
Tel. 93 309 85 25 - Fax 93 309 85 23
E-mail: info@edicionesobelisco.com

Paracas, 59 C1275AFA Buenos Aires - Argentina
Tel. (541 -14) 305 06 33 - Fax (541 -14) 304 78 20

ISBN: 978-84-9777-940-1
Depósito Legal: B-4.539-2013

Printed in Spain

Impreso en España en los talleres de Novoprint
c/ Energía, 53, St. Andreu de la Barca, 08740 Barcelona

INTRODUCCIÓN

Los platanares de las regiones tropicales son una bendición de Dios para la nutrición básica de los que viven en ellas. En la India, por ejemplo, resulta un excelente alimento, ya que por ser una de las frutas más ricas en hidrocarbonados, da mucha energía, y resulta, junto con el arroz o la morisqueta de Filipinas, el pan cotidiano en tan enervante clima.

Por otra parte, el cultivo del plátano es muy rentable, pues en ciertas regiones llega a producir hasta tres cosechas anuales. Tiene gran demanda en Europa y otros países templados, por lo que se llegan a enviar al mercado cientos de millones de racimos. Por todo esto, las bananas son el fruto más importante de todas las tierras tropicales.

Son conocidos los hermosos e inmensos platanares de Canarias, que junto con los tomates y otras frutas tropicales, como el aguacate, proporcionan buenos ingresos a los agricultores canarios. Pero también se cultiva el plátano en Gandía y otros puntos de la huerta valenciana, donde se llega a producir panojas de frutos pendulinos, si bien esta planta es muy sensible al frío y los ejemplares mediterráneos se arruinan cuando sobrevienen heladas.

El bananero se cultiva en las costas mediterráneas desde tiempos remotos. El poeta árabe Masudi, que murió en el año 956, exaltaba un plato popular de Damasco, Constantinopla y El Cairo, consistente en un dulce hecho con almendras, miel, plátanos y aceite de nueces.

Desde Canarias, los plátanos pasaron al Nuevo Continente gracias a fray Tomás de Berlanga, que llevó algunas plantas a la isla de La Española en 1516. Poco después, los bananos llegaron a México, donde prosperaron y se extendieron tan rápidamente por la América tropical que muchos visitantes llegaron a creer que los plátanos eran un fruto originario del Nuevo Continente. La banana en América Central es como el trigo en Europa o el arroz en China.

El nombre de *banana* deriva del puerto situado en la boca del río Congo, llamado puerto Banano, de donde fueron importados los primeros plátanos para Europa.

En Brasil hay diversas clases de bananas. Las hay de casi medio metro de largo, las hay cortas y gruesas, y también de un color como el de los tomates y de un gusto más ácido (éstas, muchos las comen cocidas). Plátanos comunes de esta misma clase los hay grandísimos; la banana-manzana (que es deliciosa), de pulpa muy blanca y arenosa; la banana de agua, que es riquísima en azúcar; la banana de oro (de cáscara finísima), que es la más dulce (a la vista parecen de veras unas «perlitas de oro»), en fin, hay gran cantidad de variedades.

Las islas Canarias, Ecuador, Jamaica, Brasil y el occidente de África son los puertos que más bananas exportan para abastecer a todas las partes del mundo. La variedad de las islas Canarias es la de calidad más fina y más rica.

En esta fruta el sol deposita energías cósmicas que nosotros deberíamos aprovechar para mantener nuestro vigor físico y mental. Los niños y los jóvenes son los que más la necesitan, pues el plátano es un producto que proporciona energía y ayuda en la construcción de los tejidos del cuerpo.

El plátano bien maduro es un alimento completo, agradable y liberador. A él deben buen número de hombres vivir en un estado de libertad, por su abundancia y poder nutritivo.

El plátano es uno de los alimentos sanos y nutritivos que más nos pueden ayudar para acercarnos al verdadero crudivorismo.

ORIGEN DEL BANANO

Como el de muchas otras plantas, el origen del banano también está bien lejos de ser conocido; sobre éste desdichadamente se extiende un tupido velo, absolutamente impenetrable a cualquier investigación.

Podemos, por tanto, hacer sólo suposiciones o argumentaciones basándonos en lo poco que resulta de las investigaciones que se han hecho al respecto y se siguen haciendo, y que nos inducen a pensar que la preciosa Musa haya tenido por cuna algunas islas del archipiélago malayo o las Indias Orientales, desde donde, en épocas lejanísimas, se habría difundido por las zonas cálidas de los diversos continentes, así como por casi todas las islas intertropicales.

Lo que, en cambio, sabemos con una cierta exactitud –y esto por medio de las tradiciones de muchos pueblos primitivos de los diversos países intertropicales de África– es que el banano existía entre ellos ya en las épocas de la más remota antigüedad, y que entonces, como hoy, representaba para ellos el principal alimento; pero no sabemos cuándo fue importado allí, porque los relatos trasmitidos por la cultura oral no hablan de ello en absoluto.

Esto parece muy extraño, porque un hecho de tanta importancia habría debido dejar trazas en las tradiciones de aquellos pueblos; y por tanto debemos presumir que el banano pudiera también ser autóctono de estos países, o bien pudiera haber llegado a ellos por natural difusión de semillas.

Ningún fruto de cualquier especie o variedad del plátano tiene semillas. Sólo cuando madura completamente sobre la planta, presenta en el interior de su pulpa, y precisamente en el punto donde deberían hallarse las semillas como en las otras *musáceas,* pequeños puntitos negros, que no son otra cosa que las trazas de semillas atrofiadas.

Ahora bien, hay que reconocer que tal falta de semillas en los frutos de los bananos tiene un valor de especial importancia. Este hecho nos indica y nos demuestra con absoluta certeza que ciertas condiciones favorables, que se verificaron en tiempos tan remotos que ni la historia ni las tradiciones populares recuerdan, determinaron, durante un larguísimo período de años, una especial modificación en los caracteres esenciales del fruto, por lo cual su *mesocarpio* (pulpa) se desarrolló a expensas de las *semillas* y, en parte, también del *epicarpio* (piel).

Hoy nos encontraríamos, sin embargo, frente a un problema bastante arduo si quisiéramos indagar cómo pudo esta planta propagarse tan profusamente por los diversos continentes por medio de sus rizomas o vástagos sin producir ya semillas. En aquellas épocas antiquísimas, las comunicaciones eran casi imposibles entre lejanías extremas. Parece que deberemos admitir, *a priori,* que la variación en el fruto del banano se realizó casi simultáneamente en los diversos continentes después de que las plantas, que en aquellas épocas producían todavía semillas, ya se encontraran propagadas por medio de éstas, trasportadas por fuertes ciclones, por grandes aves migratorias o por cualquier otro medio fortuito desconocido para nosotros.

En este último caso, se debería admitir además que en los bananos primitivos ya estuviese ínsita una fuerte predisposición a las variaciones aun antes de que sus semillas hubiesen sido trasportadas a otro sitio. Más tarde, esta predisposición, favorecida por las peculiares causas exteriores, permitió a las plantas efectuar la variación que sus progenitores ya habían iniciado en su país de origen, aun hallándose en ambientes diferentes y separadas entre sí por enormes distancias.

Es indudable, por todas las razones que hemos expuesto hasta ahora, que los caracteres actuales del banano son la suma de un largo y paciente trabajo de variación realizado por la especie en su natural selección.

Y tampoco hay duda de que, en este caso específico del banano, la selección siguió un camino totalmente único, anormal y, casi diríamos, loco. Porque la planta, sin tener en cuenta la selección sexual que normalmente acompaña toda variación para la reproducción de la especie, desplegó toda su actividad evolutiva en beneficio de una parte de sus frutos: el mesocarpio. Éste devino tal como lo hallamos hoy no sólo a expensas de las semillas, sino también a expensas de la piel que, por consiguiente, se tornó más delgada.

Todo sujeto, sea animal o vegetal, por aquella ley que rige el universo, tiene por objetivo natural la continuación de la propia especie. Y para que esto pueda realizarse, se manifiesta en aquél el fenómeno de la selección natural, por el cual el sujeto trata de modificarse, dirigiéndose cada vez más hacia la perfección, a fin de poder resistir mejor las insidias de los agentes exteriores y asegurarse así la continuación de sus futuras generaciones.

Está claro, entonces, que no puede haber una normal selección natural de una especie si en la evolución no está comprendido el principio capital de mejorar también la sexualidad, que es el factor esencialmente natural para la continuación de la especie misma.

Por otra parte, una evolución que no proceda acompasada con la evolución sexual carece de sentido, y no se puede denominar *selección,* sino que se debe llamar *degeneración,* que, como tal, lleva consigo la consecuencia del debilitamiento y de la extinción de la especie.

Que el éxito de la variación del banano, por el cual la planta ha llegado a ser un sujeto anormal, se deba a un error o a un capricho de la naturaleza, nosotros no podemos saberlo; aun cuando debemos reconocer que si tal anormalidad no se hubiese producido, el hombre no habría tenido a su disposición uno de los mejores frutos para alimentarse.

Ciertamente, empero, no hay que excluir la posibilidad de que en una época futura, incluso muy futura, al sobrevenir nuevas condiciones exteriores, el banano pueda, por reinversión útil de su existencia, volver a ser lo que fue en los primeros tiempos de su origen, es decir, una Musa cuyos frutos lleven semillas y en la que se haya minorado la pulpa. Y si esto ocurriera –cosa no improbable–, el mundo futuro nos envidiaría a nosotros, que hemos tenido a nuestra disposición un fruto tan útil como exquisito.

Así pues, el impulso por la selección de la especie en el banano debió de ser tan fuerte –por causas que desconocemos– en un cierto momento, que puede que la planta venga a hallarse en una condición de desequilibrio fisiológico tan acentuada que no pudo dominar la marcha de su normal evolución natural. Y luego, privada de aquellos frenos fisiológicos inhibidores, pudo degenerar y hasta tal punto alejarse de la ley natural de la continuación de la especie por medio de la sexualidad, que sus semillas fueron trasformadas y absorbidas en pro de la pulpa, determinando así la esterilidad de la planta, la cual permaneció por eso, como lo es actualmente, sujeta a la propagación asexual –o sea, a sus rizomas o retoños– para poder perpetuar su especie.

Y por último añadamos que la continuación de la especie por vía asexual solamente pudo durar porque anteriormente a la verificada anormal y cesada producción de semillas, la Musa banano, al igual que las otras Musas que tienen frutos con semillas (Musas textiles), continuó emitiendo retoños, como los emite todavía. Si, en cambio, la Musa banano no hubiese podido disfrutar de tal medio para su propagación, habría desaparecido sin remedio de la flora terrestre, y a nosotros no nos habría llegado ni siquiera el más lejano recuerdo a través de las tradiciones populares.

Por lo demás, cuántos y cuántos vegetales de las pasadas épocas geológicas debieron de desaparecer por la misma razón, es decir, por haber sobrevenido la supresión de la reproducción sexual.

Un magnífico ejemplo del caso contrario al del banano lo tenemos en la *Luffa cylindrica,* que es una curiosa y útil planta trepadora de los países tropicales, perteneciente a la familia de las Cucurbitáceas. El fruto maduro de esta planta no contiene ya pulpa, no porque ésta se haya secado o haya sido absorbida por la planta misma, sino porque sus numerosas semillas la han absorbido toda en provecho suyo, para poder nutrirse y desarrollarse bien a fin de poder cumplir su cometido para la continuación de la especie. Encontramos, pues, en la *Luffa cylindrica,* contrariamente a cuanto ocurre en el banano, el principio exacto y sistemático de la selección de la especie, principio éste que está siempre unido al universal para el mantenimiento de la especie misma por medio de la reproducción sexual.

Y volviendo de nuevo al banano, debemos por otra parte añadir que es verdad que muchas plantas y muchos animales en épocas prehistóricas fueron trasportados a considerables distancias por pueblos que, por razones diversas, tuvieron que emigrar; pero cómo hayan podido trasportar retoños o rizomas de bananos a distancias considerabilísimas y propagarlos ampliamente por los varios continentes, es, repetimos, incomprensible y superfluo a nuestro objeto de indagar.

CARACTERES BOTÁNICOS

El banano nos proporciona uno de los más exquisitos frutos de los países tropicales. Es una planta herbácea, vivaz, monocotiledónea, perteneciente al género *Musa,* subgénero *Eumusa bak,* de la vasta familia de las *Musáceas.*

Sus tallos son *monocárpicos,* o sea, que el ciclo vegetativo de cada tallo se cierra con la floración y consiguiente fructificación.

Algunas especies tienen varios metros de altura, de porte majestuoso que recuerda el de las palmeras; otras son, en cambio, casi enanas; pero todas son, en general, plantas muy ornamentales e imprimen un carácter particularmente decorativo en el paisaje tropical.

Sistema radical

Aquí debemos distinguir un rizoma, que se asemeja a un tubérculo, y raíces de primero y segundo orden que parten de éste.

Rizoma

El rizoma es la porción basal del tallo que, más que vivir al aire libre como el tallo propiamente dicho, crece y se desarrolla en el suelo, donde adquiere externamente un color muy oscuro y se engrosa notablemente por la gran cantidad de sustancias nutritivas que almacena para la alimentación del tallo, de los frutos y de los vástagos que van creciendo poco a poco; de manera que la misión del rizoma es esencialmente la de hacer de depósito de material nutritivo.

En cuanto a su comportamiento y a su aspecto, el rizoma es perenne, muy grueso y carnoso por las antedichas razones. Internamente es de color blanco, mientras externamente está protegido por una epidermis pardo-violácea. Adquiere grandes dimensiones a medida que se desarrollan los ojos laterales, los cuales se forman continuamente.

Por eso, mientras los tallos del banano son *monocárpicos,* el rizoma, que da yemas y después en un segundo tiempo retoños, es, al contrario, *policárpico.*

Raíces

Las dos formas de raíces que emite el rizoma tienen misiones diferentes: unas absorben los elementos nutritivos y dan a la planta la necesaria estabilidad; mientras las otras absorben la humedad del subsuelo. Pero observémoslas más de cerca para conocerlas mejor.

Las raíces del primer orden son cilíndricas, espesas como una matita y crecen siempre en torno a la planta a poca profundidad de la superficie del suelo. Estas raíces sirven, además de para absorber los jugos nutritivos, para el sostén de la planta misma, confiriéndole una cierta resistencia contra los golpes del viento y de las fuertes lluvias, así como para que pueda soportar, sin abatirse, el gran peso del racimo fructífero, que, en casos excepcionales, puede alcanzar los 40-45 kg.

Las raíces del segundo orden son, en cambio, muy delgadas y forman un haz que por la parte inferior del rizoma se dirige verticalmente en profundidad hasta aproximadamente un metro; estas raíces no sirven de sostén a la planta, sino que le sirven sobre todo para tomar la humedad de la falda acuífera subterránea. Tanto el rizoma como las raíces pertenecientes al primer orden son recorridos por filamentos fibrosos que los hacen resistentes.

Todo el sistema radical de una planta de banano, que se halla en perfecto desarrollo, ocupa más o menos un metro cúbico de espacio; pero, a medida que crecen las filiaciones (vástagos), el volumen deviene proporcionalmente mayor.

Los vástagos emitidos por el rizoma, después de haber formado a su vez raíces propias están en situación de poder hacerse independientes de la planta madre.

Tallo

El tallo termina en su sumidad con una bellísima cabellera foliar que, en cierto modo, recuerda la de las palmeras y de los helechos arbóreos.

El tallo es recto, cilíndrico, completamente desnudo, sencillo, carnoso, con un diámetro que varía entre los 30 y los 40 cm, y que es llamado también falso tallo o tallo ficticio, justamente porque está formado por el conjunto de las partes inferiores de los pedúnculos de las hojas, o sea, por sus vainas, las cuales están superpuestas, arrolladas y estrechamente invaginadas unas en otras. Su textura es fibrosa.

Si se corta horizontalmente uno de estos tallos, se puede observar fácilmente que está formado por células dadiformes, dispuestas unas junto a las otras y divididas entre sí por una pared delgadísima. Las células están rellenas de un líquido viscoso que contiene sustancias tánicas, que, si se ponen en contacto con telas, las manchan.

Al cabo de algunas horas, estas manchas adquieren por oxidación un color rojo oscuro semejante a manchas de sangre, y son tan persistentes que con ningún tipo de detergente se consigue hacerlas desaparecer. El único producto que las elimina es el cloro, pero hay que tenerlo tanto tiempo en contacto con la tela manchada que en el punto donde la mancha desaparece, la tela resulta corroída.

En el centro del tallo está el llamado *corazón de la planta*, constituido por la yema foliar, de la que nacen las hojas de una en una, en un primer momento arrolladas sobre sí mismas.

Cada tallo de banano produce una única inflorescencia, que comienza a formarse en su interior y precisamente en el centro próximo a la base. A medida que la inflorescencia va desarrollándose, atraviesa en 6-8 semanas todo el eje mediano del tallo mismo, para después emerger del centro de la única yema terminal, que es la de las hojas. Por eso cada tallo de banano puede producir una sola inflorescencia.

De la inflorescencia se forma el racimo fructífero; tras su maduración y después de haber completado su ciclo vegetativo, el tronco permanece inactivo durante algunos meses y finalmente muere al no poder producir otras hojas, porque con la floración se ha destruido la única yema que poseía.

Hojas

Las hojas, de forma oblonga, son muy grandes, anchas y largas. Su lámina mide de 4 hasta 6 m de longitud y 1 m aproximadamente de anchura. Su color es verde esmeralda, generalmente más brillante en la parte inferior que en la superior. En el eje mediano, esta lámina es recorrida por una gruesa nervadura de sección encorvada, de la cual parten muchas nervaduras secundarias en forma de S alargada. La concavidad de la nervadura gruesa está siempre vuelta hacia el interior de la planta.

Al ser la hoja muy grande, es natural que la nervadura principal sea muy gruesa y robusta y las secundarias numerosas. De otro modo, ésta no podría extenderse y ofrecer su superficie entera a la luz, y entonces el tejido blanco sería flácido, colgante y se marchitaría míseramente. Hay, además, otra razón. Si las nervaduras no fuesen fuertes y en número suficiente, las considerables cantidades de productos energéticos elaborados por la función clorofílica en la hoja, no podrían emigrar rápidamente a las otras partes de la planta. Tampoco podrían absorber, en la medida necesaria, las soluciones nutritivas que las raíces, a través del tallo, le proporcionan. Se tendría, por tanto, un atascamiento en las nervaduras y un desequilibrio funcional en toda la planta.

Sin embargo, la armadura de las nervaduras presenta un defecto; pero también esto tendrá indudablemente su determinado objetivo, porque todo lo creado por la madre naturaleza tiene razón de existir. La lámina, o limbo, en su contorno tiene solamente una levísima, imperceptible nervadura. Por eso, cuando sopla fuertemente el viento, se levanta alguna ráfaga o azotan las lluvias, las hojas son fácilmente dilaceradas, a causa de la extrema debilidad de su nervadura periférica.

Cada planta adulta tiene de ocho a diez de estas grandes hojas, que todas juntas constituyen la bella cabellera foliar del banano.

La posición de las hojas es divergente; así todas, indistintamente, pueden disfrutar en igual medida de la luz y ninguna la quita a la una o a la otra.

Y ahora que conocemos bien estas hojas, se puede comprender cómo el banano puede elaborar tanto almidón para sí y para su fructificación. En hojas tan grandes, tan anchas y todas expuestas al influjo del sol y del calor, la elaboración del almidón es bastante intensa. Gracias a la función clorofílica que se desenvuelve con gran actividad en aquel laboratorio químico que es la hoja, se produce una notable formación de sustancias orgánicas.

Las vainas foliares, en el punto donde parten del tallo, están recubiertas de una capa cerosa, la intensidad de la cual denota la mayor o menor floridez de la planta. En efecto, si se observa una planta de banano en malas condiciones de salud, se ve que la cera es bastante escasa o casi nula. La cerificación le sirve a la planta para defenderse de la humedad. Así el agua de lluvia se escurre más fácilmente sobre aquella superficie grasa, no se detiene en gran cantidad y la poca que queda, estando la capa impermeable de cera, no puede atacar los tejidos.

Según la especie o variedad, la cabellera foliar está a una altura de 2 a 6 m.

Flores

A una determinada edad, variable según la especie o variedad de banano, el suelo más o menos fértil y las condiciones climáticas en las cuales viva la planta, aparece finalmente la inflorescencia que emerge de la cabellera foliar.

En tal punto, la joven inflorescencia está protegida contra los rayos solares por una hoja que la envuelve toda. Poco después se abre completamente, y se ve entonces que está constituida por un raquis, o sea, un eje común, generalmente reclinado hacia un lado de la planta, y que a veces supera hasta 1,50 m de longitud.

A lo largo del eje se hallan las flores femeninas desarrolladas en verticilos, dispuestas en espiral y reagrupadas en la axila de numerosas brácteas carnosas, de color verduzco, pardo o rojovinoso según la especie o variedad del banano. Estas brácteas (hojas reducidas que sirven para proteger las flores, especialmente cuando son jovencísimas), realizada su misión de protección, se despegan.

Cada bráctea protege un cierto número de flores, de las cuales, después de la fecundación, se desarrolla un número igual de frutos. La flor es brevemente pedunculada y lleva una corona formada por seis pétalos, de color marfil tendente al pajizo con difuminados rosa; de estos pétalos, uno es libre y los otros cinco están soldados juntos.

El gineceo tiene tres pistilos con ovario inferior que, después de realizada la fecundación, se engrosa y forma el fruto, o sea, el plátano o banana. Además de diversas espirales de flores femeninas, hay algunas otras de flores hermafroditas (bisexuales), las cuales permanecen atrofiadas y raramente llevan algún fruto. Por último están las flores masculinas, que tienen el androceo formado por cinco estambres. Las primeras flores en abrirse y en cuajar son siempre aquellas que se hallan en la base del raquis.

Según la especie o variedad del banano, la floración tiene lugar cuando el tallo ha alcanzado los 8-10 meses de edad, y la maduración de los frutos entre 4 y 8 meses más tarde. Como se puede comprobar, el banano es productivo muy pronto, a diferencia de otros cultivos tropicales llamados ricos, como los del café, del cacao y de la palma de aceite.

La fecundación de las flores se realiza con la ayuda de muchas especies de insectos y de minúsculos pájaros. Estos últimos son especialmente de la familia de los colibrís y frecuentan las flores de banano, además de para chupar el néctar, también para devorar los insectos que se encuentran en ellas.

Por tanto, las plantas del banano, con respecto a los animales que favorecen su polinización, son *entomófilas* (fecundadas por la intervención de insectos) así como *ornitófilas* (fecundadas por la intervención de pájaros).

Fruto

Los frutos (plátanos o bananas), al igual que las flores femeninas, están dispuestos en verticilos. Son de forma más o menos cilíndrica, oblonga, más o menos curvada y se asemejan a un pepino triangular, externamente repartido en tres lóbulos polispermos, llenos de pulpa. Cuando están completamente maduros, tienen un color que varía según la especie o variedad del amarillento al rojo oscuro.

Los que se venden en los mercados europeos tienen muchas veces todavía color verde claro, porque, para poderlos preservar largo tiempo, han sido recolectados antes de la maduración perfecta.

Los frutos, si son de dimensiones más bien grandes, pesan por término medio 125 g; los medianos pesan unos 100 g.

El conjunto de los frutos que se desarrolla de las flores pertenecientes a una bráctea se denomina *mano,* la cual, a su vez, está formada por entre 10 y 15 frutos llamados *dedos.* El conjunto de las *manos* de una única inflorescencia recibe el nombre de *racimo.*

En general, el racimo de los plátanos está constituido por entre 5 y 15 manos y hasta más; pero sobre su número y tamaño influyen también mucho las condiciones físico-bioquímicas del suelo y las térmicas e higrométricas, así como el método de cultivo.

El racimo fructífero pesa de 25 a 35 kg; pero si todas las condiciones ambientales arriba mencionadas son favorables, puede hasta llegar a pesar 45 kg.

Hay muchas especies, variedades y subvariedades de plátanos, cuyos frutos son todos muy nutritivos y contienen vitaminas en abundancia, utilísimas para el organismo del hombre. Los frutos del bananero, en general, se consumen en crudo o cocidos, y se distinguen dos grupos: los azucarados y los no azucarados.

El *plátano maduro azucarado* tiente un aroma suave al pelarlo. Su sabor es delicioso, y en algunas especies se parece a una mezcla de melocotón, manzana, piña y flores de azahar. La pulpa es generalmente de color blanco o marfil fuerte, ligeramente semolosa, de fácil digestión y con un valor nutritivo de primer orden. Para poder apreciar este valor, basta tener presente que la banana tiene las mismas calorías que igual cantidad de carne de ternera sin grasa.

El porcentaje de hidratos de carbono bajo forma de almidón es muy elevado en el plátano. Con la maduración, el almidón se trasforma casi completamente en azúcar y en aceites aromáticos, y son precisamente estos últimos los que dan al plátano la fragancia y el sabor tan específicamente exquisitos y gratos al paladar.

Hemos analizado una banana madura de 100 g de peso y el resultado que hemos obtenido es el siguiente:

Agua 71
Azúcar 22,90
Sustancias intermedias 2,40
Sustancias nitrogenadas 1,64
Sustancias grasas 0,10
Celulosa 1,20
Cenizas 0,76

Los *plátanos no azucarados,* o bananas de fécula, como son denominados comúnmente, tienen la pulpa muy firme y son de sabor insípido, por lo cual se consumen solamente cocinados de diversas maneras: bajo cenizas, asados, fritos en mantequilla, en deliciosos pasteles o bien en forma de harina para la preparación de pan o de polenta. Estos plátanos constituyen un alimento apetecible y muy nutritivo tanto para la población de color como para el blanco que vive en el trópico.

Existen además otras especies de Musas cuyos frutos no son buenos para comer de ningún modo; estas plantas se cultivan en algunas regiones tropicales exclusivamente para extraer, de las nervaduras de las hojas y de los tallos, fibras textiles, que son excelentes para la fabricación de cordajes y tejidos ordinarios.

ESPECIES Y VARIEDADES

Los frutos del bananero que se consumen crudos y se exportan ampliamente desde los países productores son especialmente los de la *Musa sapientum* y la *Musa cavendishii,* mientras los de la *Musa rubra,* aun cuando sean muy azucarados y de gran valor dietético, casi siempre se consumen en los lugares de producción.

Para distinguir los antedichos plataneros de frutos azucarados, los citamos con sus características, como también aquéllos de frutos no azucarados (bananas de fécula) de mayor interés. De bananos de frutos azucarados y no azucarados existen muchas variedades, más de 250.

Plataneros de fruto azucarado

Musa sapientum L.

Esta Musa es la más difundida entre todos los bananos. Una de sus variedades más apreciadas es la *gros-michel.* La *Musa sapientum* tiene tallo muy alto. Su racimo, muchas veces, lleva hasta 350 frutos brevemente pedunculados, de forma ovado-oblonga, muy espesos, túrgidos, más pequeños que los de la *Musa paradisíaca,* de la cual hablaremos más adelante, y revestidos de una piel fácilmente separable de la pulpa, la cual es muy azucarada, finamente aromática y de sabor exquisito. Todos los frutos se hallan en posición suberecta sobre el raquis que los lleva.

En cuanto al trasporte, estos frutos no requieren especiales cuidados, a diferencia de los de la *Musa cavendishii (véase* más adelante), dado que su piel es menos delicada y más gruesa, y también porque todos los frutos maduran juntos con mayor uniformidad. Se pueden, por tanto, expedir también a granel, poniéndolos tal como se encuentran en la bodega del barco, por supuesto si entre los racimos sanos y seleccionados con toda escrupulosidad no los hay enfermos, contusos o de cualquier otro modo dañados.

La *Musa sapientum* ha dado origen a muchas variedades, de las cuales un gran número se cultiva especialmente en México, y entre éstas citaremos las siguientes:

- *Plátano enano:*
  Tiene porte bajo, achaparrado y produce pequeños frutos sabrosos en abundancia.

- *Plátano ciento en boca:*
  Llamado así por la extrema pequeñez de sus frutos, que son empero de exquisito sabor.

- *Plátano manzana:*
  Llamado así porque sus frutos tienen un exquisito sabor a manzana reineta.

Musa cavendishii Lamb.
(o Musa chinensis o sinensis sweet)

Esta especie de banano se reconoce enseguida por su altura: es más bien baja, raramente sobrepasa los dos metros de altura y, por término medio, no mide más de 1,50 m. Tiene las hojas de un bonito verde, con muchas nervaduras, y la cabellera foliar es más bien apretada.

La planta es bastante rústica, tiene aspecto achaparrado, fructifica precozmente y produce un racimo muy largo, extraordinariamente cargado de frutos. A veces la extremidad de los racimos llega hasta el suelo.

Los frutos son de tamaño mediano; su pulpa es muy perfumada, azucarada y se funde en la boca; la piel es muy delgada y se despega fácilmente de la pulpa. Y es precisamente a causa de esta piel muy delgada que, para poder exportar estos frutos tan sabrosos y apreciados con las deseadas garantías, hay que cogerlos con mucha cautela. De otro modo, hasta el más pequeño golpe puede ocasionar la progresiva putrefacción. Por la misma razón, esos plátanos necesitan también para el trasporte un embalaje especial muy cuidado, de otro modo llegan en mal estado al mercado europeo.

El cultivo de la *Musa cavendishii* se practica particularmente en las islas Canarias; donde se le prestan todos los cuidados necesarios a fin de tener plantas sanas y vigorosas, y después frutos igualmente sanos y bellos, que en su mayor parte son exportados a Europa. La variedad mayormente cultivada en las islas Canarias es la *johnson.*

La *Musa cavendishii* también se cultiva mucho en América del Sur, y especialmente en Venezuela, donde se denomina *chino*, porque parece que sea originaria de China.

Musa rubra

Esta musa tiene 6-7 m de altura, porte majestuoso y es muy vigorosa. Sus frutos, condensados en un gran raquis, tienen piel de color rojo-carmín, mientras la pulpa es amarilla clara, consistente, feculosa, muy sustanciosa y de sabor superlativamente exquisito.

El fruto tiene 18-20 cm de longitud y mide, en la parte mediana, 14-15 cm de circunferencia. También estos frutos son muy indicados para la exportación; pero, siendo la planta hasta ahora no muy productiva, sólo excepcionalmente se ven en los mercados europeos. No obstante, con buenos métodos de cultivo y con una asidua selección, la productividad de la planta se podría mejorar sensiblemente. Debemos señalar, sin embargo, que como los frutos tienen una piel delgadísima, es necesario que, para la exportación, se recolecten en el punto justo y se trasporten con las debidas precauciones; si son maltratados o están levemente contusos, se deterioran muy fácilmente.

La *Musa rubra,* a decir verdad, es uno de los más bonitos bananos, especialmente en la época de su fructificación. El que tiene ocasión de acercarse a un campo cultivado con esta especie de banano, no puede menos que quedar extasiado por el vivo contraste que ofrece aquel color rojo de los frutos con el verde esmeralda de las grandes y soberbias hojas; y frente a tal espectáculo hay que reconocer sin más que, en este tipo de platanero, la madre naturaleza se muestra particularmente lujuriante en una de sus tantas y tantas innumerables y maravillosas expresiones.

Plataneros de fruto no azucarado (o bananos de fécula)

Musa paradisíaca L.

Esta especie de Musa, junto con sus variedades, es generalmente considerada la más apropiada para la producción de harina de plátanos. Se distingue de la *Musa sapientum* por la posición de los frutos a lo largo del raquis; es decir, mientras en la *M. sapientum* los frutos están vueltos hacia arriba, en la *M. paradisíaca* miran hacia abajo.

La altura de la planta es notable. Su fructificación comprende un racimo que, por término medio lleva una treintena de grandes frutos, aplastados, oblongos, angulados y de una longitud que varía de los 15 a los 20 cm. Su pulpa es consistente y contiene una considerable cantidad de almidón, y la piel que la reviste está algo pegada a ella. Generalmente, los frutos no se exportan, porque incluso cuando están bien maduros son poco azucarados y poco sabrosos. En cambio, los consumen las poblaciones indígenas cocinados de diversas maneras, o bien se utilizan para la producción de harina de plátano.

Musa corniculata

Se cultiva en las islas de la Sonda, donde sus frutos, que miden hasta 60 cm de largo, constituyen para aquellos pueblos indígenas un alimento precioso que sustituye al pan; a tal objeto los comen cocidos en el horno o bajo cenizas, y también asados sobre la parrilla. Para que el fruto resulte cocido homogéneamente y adquiera valor gastronómico, se debe cocer en el horno o sobre la parrilla a calor moderado.

Musa troglodytarum

El tallo de este característico platanero es más bien alto. Las hojas no son muy largas y su color es de un bonito verde intenso. La característica de esta Musa está en el porte de su racimo fructífero, el cual, en vez de curvarse hacia abajo como en todos los bananos, permanece en posición erecta incluso cuando se han formado y madurado sus frutos. Éstos son más bien pequeños, y cuando están maduros adquieren un bonito color anaranjado que hace hermoso contraste con el verde de las hojas.

Se comen cocidos como las de la *Musa corniculata,* y especialmente si son preparados con mantequilla constituyen un buen alimento.

Musa simiarum (platanero de los moños)

De los frutos de esta Musa, los indígenas de Malasia hacen amplio uso comiéndolos cocidos de diversas maneras.

En Malasia se encuentran además muchos bananos de frutos bastante azucarados que se pueden consumir tanto crudos como cocidos, y entre éstos, los mejores son: el *pisang ambun,* el *pisang rastali,* el *pisang mas* y el *pisang rajah.*

CULTIVO
DEL BANANERO

Clima y área de cultivo

El platanero exige un clima cálido y una constante humedad en el aire. Para el cultivo masivo y para la producción de fruta de postre necesita una media de temperatura anual de 26 a 27 °C, con lluvias prolongadas y regularmente distribuidas. Estas condiciones se cumplen en la latitud de 30 a 31° Norte o Sur y de los 1000 a 2000 m de altitud. Son preferibles las llanuras húmedas próximas al mar, resguardadas de los vientos y que sean regables.

Aunque no para producir frutas selectas, es posible su cultivo en la cuenca del Mediterráneo, en las localidades donde la temperatura media anual oscila entre los 14 y 20 °C, y donde en los mayores fríos de invierno no desciende la temperatura de 2 °C.

Terreno

El platanero es poco exigente para la naturaleza del terreno, puesto que prospera igualmente en los terrenos arcillosos, calizos o silíceos con tal de que sean fértiles, permeables, profundos y ricos, especialmente en materias nitrogenadas. Prefiere, sin embargo, los terrenos ricos en potasa, arcillosilíceos, calizos o los obtenidos por la roturación de los bosques, susceptibles de riego en verano, pero que no retengan el agua en invierno.

Los terrenos deben estar después privados de otros árboles. Si el bananero pudiese vivir asociado a la palmera, el problema del cultivo del desierto estaría resuelto. El platanero exige aire libre en abundancia, más bien que humedad, sol y frescura en el terreno.

Multiplicación

La multiplicación se hace casi exclusivamente por medio de vástagos que la planta produce en abundancia cuando es adulta. Cuando un tallo ha dado fruto ya ha terminado su ciclo vegetativo, y por lo tanto perece. Sin embargo, como la planta es vivaz, emite vástagos en el pie, de los que hay que servirse para las nuevas plantaciones.

Para la plantación conviene utilizar vástagos bien desarrollados, que tengan al menos 1,50 m de altura y recogidos en las plantas próximas a fructificar. Si han de trasportarse lejos, conviene utilizar estos brotes cuando apenas hayan alcanzado la dimensión de un bulbo grueso, lo que ocurre cuando el tallo no está todavía formado. Entonces, cortando este tallo un poco por encima de este brote, se producen en torno a él otros nuevos que se destacan a medida que van adquiriendo la longitud de 3 a 4 m. De este modo podemos obtener de cada planta y en pocas semanas unas quince o veinte nuevas plantas.

En las condiciones ordinarias de cultivo, conviene cortar los brotes a 1 m de altura, cortando también las hojas, y plantarlos en el terreno de asiento a 3 m de distancia por todos lados. En dos o tres semanas los tallos echan raíces y empiezan a aparecer las nuevas hojas.

Cultivo

En el norte de África se hace la plantación del 15 de abril a fines de mayo, en el terreno profundamente labrado. A la distancia de 3 a 3,50 m en cuadro se abren hoyos de 60 cm de profundidad, algo removido el fondo, donde se colocan juntas dos plantitas de bananero, una más pequeña que la otra y ambas desprovistas de hojas. Se llena el hoyo con mantillo y se acumula después tierra hasta unos 10 cm por encima de la inserción de las raíces. Se deja un alcorque alrededor de la planta para que retenga el agua de riego y se extiende también estiércol sobre éste para que la tierra no se deseque.

Apenas hecha la plantación conviene regar. Para esto se ponen en comunicación los alcorques con una cava de riego que se practica entre una y otra fila.

Pasados dos meses, las plantitas empiezan a emitir vástagos. Entonces de las dos plantitas se deja la mejor y a ésta se le dejan únicamente dos brotes, los mejores y más alejados entre sí. En los años sucesivos se le pueden dejar cuatro, pero no más.

Los cuidados culturales son sencillos. Una cava en primavera, rehaciendo el alcorque alrededor de las plantas y las cavas de riego, y alguna escarda para destruir las malas hierbas son las operaciones indispensables: No se debe hacer ningún cultivo intercalar.

El bananero es muy exigente para los abonos, el estiércol y el mantillo son los más convenientes. Los residuos de tallos y hojas, que se pueden enterrar al pie de las plantas cuantas veces se arranquen, se ha calculado que alcanzan un peso de unas treinta toneladas por hectárea, y que contienen: 120 kg de nitrógeno, 50 de anhídrido fosfórico, 670 de potasa y 330 de cal.

Este abono, sin embargo, es insuficiente y conviene añadir estiércol a razón de 30 kg por planta, descollarla a 30 cm de profundidad y corregir el estiércol con 500 g de sulfato o cloruro potásico. Es mejor abonar cada año al pie que distribuir el abono por todo el terreno, porque esta planta extiende poco las raíces. Los abonos fosfatados producen un gran efecto en la fructificación.

Es imposible el cultivo del bananero donde no se disponga de agua de riego. En Egipto se necesitan 100 m³ de agua por semana y por hectárea durante el verano, y en otoño la mitad. En enero no se riega, en febrero una sola vez. La irrigación se escasea cuando los frutos están próximos a la madurez. Al finalizar algunos inviernos ventosos no quedan sino algunas hojas o de su limbo algunos fragmentos.

En Canarias y en Guinea se desarrolla el bananero en cuatro meses y en Egipto en cinco. La plantita que se colocó de asiento da únicamente frutos imperfectos, y los mejores frutos se obtienen de los vástagos nacidos de su pie, que fructifican a los nueve meses de la plantación. De aquí se deduce que haciendo la plantación en marzo, en agosto florecerán los vástagos y en noviembre (unos noventa días después de la floración) se hará la recolección.

Apenas recogido el fruto, se corta la planta por el pie, dejando los vástagos en la base. Éstos, convenientemente aclarados, fructifican pasados cuatro meses, de modo que en un año se pueden hacer tres recolecciones. En las plantas jóvenes se dejan solamente dos vástagos para tener racimos muy cargados de fruto y luego, todos los demás años, se dejan cuatro vástagos como máximo, siempre proporcionalmente a la fertilidad del suelo.

Plantando 1000 bananeros por hectárea se obtienen de ellos 3000 racimos al año, de 20 kg de peso medio, y cada uno lleva 160 frutos aproximadamente. Se obtiene así el considerable producto de 60.000 kg, es decir, 480.000 frutos.

La duración de la plantación es de seis a quince años; pero dicha duración depende en gran parte de la feracidad del terreno, del abono y de la constante limpieza de las plantas suprimiendo los vástagos inútiles.

Recolección y empleo de los frutos

Los frutos del platanero se pueden recoger todo el año y son más o menos abundantes según la estación.

Los frutos se cortan cuando han alcanzado su completo desarrollo: cuando empiezan a amarillear y los respectivos ángulos longitudinales han adquirido cierta convexidad. Pero con frecuencia, y especialmente en invierno, se anticipa la recolección y se dejan madurar los frutos suspendiéndolos en un local cerrado, seco y cálido, conservado en la oscuridad.

El trasporte ha de hacerse en el tiempo oportuno para que los frutos lleguen al punto de destino maduros. En verano se alteran pronto, en invierno se embalan cuando ya han adquirido un tinte amarillo.

Se expiden en racimos completos, oportunamente desprovistos de las brácteas y de los frutos contusos, envueltos en acolchados y luego en papel, encerrándolos aislados en jaulas de madera o en cestos. Es necesario evitar las contusiones entre los frutos porque los puntos golpeados se ennegrecen. Llegados a su destino, conviene separar pronto los frutos averiados y conservar los otros en un medio seco y caluroso.

Los plátanos se prestan a varios usos. La mayor parte de los frutos se consumen crudos para postre. Para este consumo, que aumenta de día en día, ha tomado un gran desarrollo la importación del plátano y adquiere cada vez mayor importancia, tanto para Europa como para la América septentrional.

En efecto, con los plátanos se pueden guarnecer las mesas durante todo el año; si se trata de variedades poco azucaradas, se cuecen.

Los frutos que no se venden se suelen desecar, exponiéndolos primero al sol durante un par de días, es decir, hasta que su corteza empiece a marchitarse. Luego, se descortezan con un cuchillo no oxidable (de madera o de hueso) para no alterar el gusto, y cortados los frutos en discos o dejados enteros se secan al sol o en secaderos, de modo que el azúcar cristalice en la superficie. Se embala luego en cajitas, de 2 a 3 kg de capacidad, envueltas en hojas de la misma planta.

Con los plátanos secos se puede hacer una harina lacteada, y entonces esta fruta no debe contener más de 5-10 por 100 de agua, mientras que las bananas secas ordinarias contienen 25-30 por 100. De la fruta madura se obtiene 19,1 por 100 de fruta seca con un 50 por 100 de agua.

Los plátanos secos de mesa deben conservar su gusto y aroma, ser blandos y no deben venir pegados. Se pueden también confitar como los plátanos frescos.

Otra manera de utilizar los frutos consiste en extraer la pulpa y hacerla fermentar para obtener luego una especie de vino de plátano o también aguardiente de plátano.

Del peso del racimo se obtiene un 9-10 por 100 de harina, que tiene la composición siguiente:

Almidón 52,900

Celulosa 8,290

Sustancias gomosas y pécticas 8,180

Glucosa 6,820

Materia extractiva 5,600

Sales minerales...3

Sustancias albuminoides 2,801

Grasas 1

Sustancias resinosas...0,400

Agua 11

Con harina de plátano se puede fabricar almidón, sagú, azúcar y bebidas. Las cortezas del fruto se pueden emplear como forraje. También se desecan las cortezas. De los tallos cortados se pueden obtener fibras. Desecados y triturados pueden utilizarse igualmente como forraje.

LOS PLÁTANOS
COMO ALIMENTO

El trasporte de los plátanos se hace generalmente por barco, en cámaras frigoríficas (a 12 o 13 °C) con renovación de aire que elimine los gases producidos por los frutos.

Así llegan verdes al continente, y son posteriormente madurados en cámaras especialmente dispuestas para mantener una humedad del 80 al 100 por 100 y una temperatura que varía de 17 a 22 °C. Si hace falta, se utiliza gas etileno para desencadenar y acelerar la maduración.

El trasporte de los plátanos se ha modificado últimamente: las exportaciones se hacen en manos cortadas, e incluso en porciones de manos, en cartones de 10 a 22 kg, lo que evita los choques, los frotamientos y los protege. Es preciso evitar que ningún fruto comience a madurar durante el trasporte por barco, pues los gases olorosos emitidos por un plátano maduro desencadenan la maduración de toda la carga, y no habría más remedio que tirarlo todo…

Regulación de la maduración

Como hemos explicado más arriba, el gas etileno, en particular, es a la vez la causa y el efecto de la maduración, la cual podrá así ser regulada según las necesidades de la venta, procedimiento que parece no tener ningún inconveniente para el valor sanitario del fruto.

Si se desea guardar largo tiempo plátanos y hacerlos madurar, hay que comprarlos verdes; se podrá acelerar la maduración envolviéndolos en un papel de periódico y poniéndolos cerca de una fuente de calor (calefacción, sol), o también al sol con el tallo en el agua.

No se deben aceptar jamás plátanos «agrisados», es decir, blandos, lo que significa que los frutos han sido puestos a 12 °C para que puedan esperar más largo tiempo; este tratamiento les impide madurar bien y ser tan azucarados como deberían ser (en efecto, todos los plátanos pasan al frigorífico, pero no todos son «prendidos» por un frío prolongado, y son éstos los que se deben rechazar).

¿Cuándo es consumible el plátano?

No se debe comer *verde,* pues es muy rico en almidones más o menos digestibles (según Lederer, sería el almidón mejor atacado en crudo por los fermentos digestivos); ni *pasado,* sujeto por tanto a la podredumbre rápida; sino que se debe consumir *maduro,* es decir, atigrado.

Cuando la piel se cubre de manchas pardas, el almidón se trasforma en sacarosa, en fructosa y en glucosa, por tanto en azúcares muy asimilables.

De hecho, el plátano se clasifica entre los frutos amiláceos porque es importado, vendido más o menos verde y madurado artificialmente; y vale más dejarlo en esta categoría, aunque no sea más que para persuadirse del hecho de que su perfecta asimilación exige una insalivación y una masticación cuidadosas.

Recordemos que el hecho de aplastar estos frutos dos o tres horas antes entraña una *trasformación del almidón en azúcar,* por tanto, no hay que añadir azúcar, lo que lo haría repulsivo, y tal vez indigesto.

Composición del plátano

	Fruto inmaduro	Maduro
Agua	70,92	67,78
Almidón	12,06	trazas
Azúcar de uva	0,08	20,47
Azúcar de caña	1,34	4,56
Grasas	0,21	0,58
Materias nitrogenadas	3,04	4,72
Filamentos brutos	0,36	0,17
Tanino	6,53	0,34
Cenizas	1,04	0,95
Otras materias	4,62	0,79

Pueden encontrarse las vitaminas siguientes:

A.. 300 UI
B_1 .... 100 UI
B_2 .... 35 UI
C .... 20 UI
E..vestigios
U ....vestigios

En cuanto a las *sales minerales,* se encuentran las siguientes: fósforo, magnesio, sodio, potasio, hierro, cinc, cobre, manganeso, etc.

Valor dietético

El plátano es un fruto muy nutritivo, y muy digestible cuando está maduro. Se dice que este fruto es más nutritivo que la patata y tanto como la carne. 100 g de bananas proporcionan *100 calorías.*

Hemos visto más arriba que la maduración hace aparecer cantidad de *azúcares* muy asimilables. Se ha insistido igualmente sobre la presencia de *ácidos aminados;* además, es el fruto *más rico en pectina,* después de la manzana.

Señalemos que un régimen muy rico en plátanos provoca la formación en el colon de ácido butírico, que es tóxico para el colibacilo.

La banana es un fruto muy dulce, sin ninguna acidez. Para los naturistas, el plátano armoniza con las frutas dulces y la leche.

Fruta relativamente económica, de sabor muy agradable, que se puede adquirir todo el año, la banana debería figurar regularmente en el régimen alimenticio de todo el mundo. Bien al abrigo en su envoltura natural, no corre riesgo de contaminación por insecticidas y constituye un alimento sano por excelencia, lo que explica que sea la base nutritiva en numerosos países tropicales.

Muy nutritiva y energética en razón de su alto contenido en almidón, la banana resulta indigesta si no está suficientemente madura, pero en el curso de su maduración, este almidón se trasforma progresivamente en azúcares directa y rápidamente asimilables por el organismo.

Siendo su contenido en hidratos de carbono de un 22 por 100 la banana es, en efecto, *la más rica en sustancias energéticas* de todas las frutas frescas. Bajo su forma de sacarosa o de fructosa, estos azúcares favorecen directamente la actividad de los diversos músculos, incluso el cardíaco. Su rapidez de asimilación aporta calor y fuerza en muy poco tiempo. La banana combate la fatiga. Es un *alimento del esfuerzo físico,* particularmente indicado para los niños y los *deportistas.*

Consumido en forma desecada, este alimento aporta una riqueza calórica todavía mayor, parecida a la del queso o a la de los dátiles, casi igual a la de las legumbres secas y los cereales.

Es pobre en prótidos, pero los que contiene son de muy buena calidad. Y no contiene prácticamente ninguna materia grasa. En cambio, aporta una buena gama de sales minerales (sobre todo, potasio). Contiene fósforo, magnesio, cobre, hierro y manganeso, todas ellas materias indispensables para la formación de la sangre.

De todas las frutas es la más rica en cobre. Conviene perfectamente cuando es necesario un régimen sin sodio ya que, prácticamente, no contiene cloruro sódico (sal de cocina), a pesar de aportar una cierta dosis de cloro.

Por su contenido de vitaminas, el plátano se clasifica a la cabeza entre las frutas pulposas. Proporciona, en particular, vitamina C, pero también contiene vitaminas A y B, y trazas de vitaminas E y U.

La banana, considerada desde siempre como un alimento de alta calidad nutritiva al mismo tiempo que económico y agradable de consumir bajo todas sus formas, ha sido objeto de numerosos trabajos y análisis por parte de científicos y médicos de todos los países. Todos están de acuerdo en que su riqueza en calorías, en glúcidos, en vitaminas y en oligoelementos minerales, hacen de ella un alimento de elección, energético y biógeno, de gran valor para el trabajador manual o intelectual.

Se puede recomendar el plátano a los niños, adolescentes, mujeres embarazadas, deportistas, convalecientes, ancianos, así como en los casos de fatiga intensa, delgadez, afecciones renales o cardíacas, etcétera.

Por su riqueza en pectina, el plátano es beneficioso en casos de diarrea. En cambio deberá evitarse darlo a los diabéticos y a los obesos (salvo en los casos de obesidad esponjosa, en la que es necesario expulsar la sal en exceso antes que restringir las calorías, lo que facilita su riqueza en potasio). Las personas delicadas de estómago deberán comerlo asado o cocido.

A mayor abundamiento, hay que señalar la propiedad que poseen las bananas de aumentar la secreción de leche en las madres que tienen el acierto de criar a sus bebés.

En resumen, siendo una fruta de propiedades esencialmente energéticas bajo escaso volumen, la banana se recomienda a toda edad para reponer energías vitales en estos tiempos agotadores. El niño halla en ella a la vez una merienda muy agradable, una verdadera golosina, y un alimento muy apreciable para su crecimiento. La mujer embarazada saca de ella sales minerales útiles al equilibrio de su gestación. La persona de edad avanzada y el convaleciente, un frescor reconfortante.

Como apenas contiene proteínas y ninguna grasa, las bananas se digieren muy bien, incluso por niños y enfermos, con tal de que se ensalive despacio, como quien paladea un caramelo. No hay que olvidar que la digestión del plátano se hace en la boca y no en el estómago. Esta fruta, al ser blanda, sienta mal a algunas personas por no cuidar el detalle de su insalivación. Su condición pastosa invita a engullirla de prisa y ahí la causa de una digestión difícil.

He aquí dos condiciones esenciales para digerir bien una banana:

- No escoger más que las verdaderamente maduras.
- Saber masticarlas con cuidado y paciencia. Tragadas en trozos gruesos, las bananas pesan mucho en el estómago.

Naturalmente garantizadas por su corteza, las bananas llegan al consumidor en perfectas condiciones asépticas, sin el riesgo de enfermedades por contaminación que presentan otros alimentos. Cuando son consumidas estando maduras, su digestibilidad es notable, ya que su evacuación gástrica empieza al tercer minuto de ingeridas.

Bananas desecadas

Un sistema de desecación moderno permite obtener copos de plátanos que encierran:

- 72,4 % de azúcares
- 6,9 % de prótidos
- 0,11 % de grasas
- 2 g de sales minerales (de los cuales 131 mg son de fósforo y 50 mg de calcio)
- 6,3 mg de vitamina C
- 63 mg de vitamina B
- 182 mg de vitamina B_2
- 2 mg de vitamina PP
- El valor calórico es de 308 calorías por cada 100 g.

Cómo debe consumirse el plátano

Ya hemos dicho que cuanto más se mastique y ensalive el plátano, tanto mejor. «Cuando se coma una banana –aconseja el profesor Capo– muérdasela poco a poco y ensalívesela mucho al masticarla. La masticación deberá durar un minuto, por lo menos, para cada banana. Si para todos los alimentos que ingerimos tiene importancia la masticación, en la banana mucho más, porque ella es muy espesa y requiere una masticación y insalivación especial en la boca, por su arenosidad.

»Nada más beneficioso –prosigue el profesor Capo– que una buena y lenta masticación; entonces, ¿por qué apresurarnos?».

La masticación lenta y la insalivación abundante es un escudo contra el mal biológico. Los trofólogos nos enseñan que es una de las causas que suprimen la dispepsia y otras enfermedades.

La masticación, que no es más que una trituración y desmenuzamiento de los alimentos en la boca, tiene fundamental importancia cuando se trata de las bananas, porque éstas contienen almidón dextrinizado por el sol; pero para facilitar trabajo al estómago e intestinos, es muy conveniente que se mastique y ensalive bien. Las glándulas salivares que tenemos en la boca, al segregar jugos (ptialina) atacan y trasforman los amiláceos en azúcar. ¡Jamás los bocados ya masticados deben pasar a la faringe en forma de «bolo alimenticio» sino en forma líquida, y lentamente; no en trozos brutos y secos!

Incompatibilidades del plátano

Los plátanos son incompatibles con:

Los líquidos ácidos

Es decir, las bananas deben comerse, pero no mezcladas con esos líquidos ni con agua. No deben tomarse con bebidas alcohólicas de ninguna clase. Son compatibles en cambio con los zumos de naranja y de uva.

El pan de trigo

Porque ambos son farináceos, y los alimentos harinosos y feculentos son, químicamente, inafines, incompatibles con los plátanos. Son harinas, y, por lo tanto, incompatibles con las bananas, los alimentos siguientes: el pan de trigo y todas las harinas derivadas del trigo: como las pastas, sémolas, gofios, bizcochos, etc.; todos los productos derivados del maíz, del arroz, avena, etc. Nunca deben comerse plátanos el día que se coman esos alimentos o bien patatas, boniatos, batatas y demás feculentas similares, porque la digestión tarda de doce a veintitrés horas, y se encuentran los jugos en la absorción quilífera.

Las legumbres
Lentejas, judías, garbanzos, guisantes, habas y sus similares.

Todos los aceites
(o con las comidas que contengan aceites).

Todas las frutas oleaginosas
Aceitunas (de cualquier clase), nueces, almendras, avellanas, cacahuetes, coco, piñones, etc.

Las frutas ácidas
(porque los ácidos impiden la normal digestión del almidón, del azúcar y de la glucosa de la banana); en primer término está el limón, después la naranja verde, ciruelas, nísperos, guindas, manzanas, uvas agrias, melocotones, membrillos, fresas y piña que aún no estén bien maduros; las demás frutas ácidas, en general, causan dentera, la cual no permite masticar bien las bananas.

Los alimentos dulces artificiales
Caramelos, azúcares y compotas en general.

La sal, las mostazas y demás condimentos

También resulta mala combinación alimenticia (no química) la miel, dátiles, higos secos, uvas pasas, etc., por ser estos alimentos muy energéticos. Perjudican cuando se es ya sensible y no se hacen trabajos fuertes.

Compatibilidades del plátano

Siguiendo las directrices del profesor Capo, iremos ordenando los alimentos que combinan y armonizan con los plátanos, sin que se coman otros alimentos en el mismo día. Nada diremos respecto a la cantidad que debe comerse de los siguientes platos, porque cada uno ha de regularizarlo de acuerdo con su apetito, profesión y trabajo.

Plátanos con piña o ananá

Cortada en rodajas la piña, que ha sido pelada y elegida madura, se come conjuntamente con buenas bananas. Masticar y ensalivar todo bien. Este exquisito plato puede servir tanto de desayuno como de cena (nunca comer otra cosa si no se quiere entorpecer la perfecta digestibilidad).

Plátanos con melón

Se combinan regularmente. Se pela bien el melón, que sea de clase buena y maduro, se tira la cáscara, semillas y agua, y se come conjuntamente con las bananas.

Plátanos con sandía

Se combinan un poco mejor que con el melón. Se corta la sandía a tajadas; no se debe tragar ninguna semilla, comer todo lo rojo junto con las bananas.

Plátanos con naranjas

Excelente y rica combinación. A medida que se vayan cortando las naranjas, en tajadas iguales, se comerán conjuntamente con bananas, arrojando hollejos y semillas. Cada uno, según su trabajo, ha de regularizar la cantidad, pero, más o menos, vamos a dar un ejemplo de comidas. Desayuno: 3 naranjas y 6 plátanos. Almuerzo: 6 o 8 naranjas y de 12 a 20 plátanos. Cena: 5 naranjas y 10 a 15 plátanos.

Plátanos con nísperos

Se pueden comer nísperos con bananas, pero deben estar bien maduros y dulces. Se arrojarán los carozos, piel y partes leñosas y se comerán conjuntamente con las bananas.

Plátanos con cerezas

Elegir siempre las más dulces; han de comerse bastantes cerezas junto con las bananas.

Plátanos con ciruelas

Se combinan bien. Han de ser ciruelas bien dulces y maduras.

Plátanos con peras de agua

Se combinan bien. Han de ser peras de buena clase y bien dulces.

Plátanos con fresas

Se combinan bien. Las fresas han de estar bien maduras. Se limpian y se les quita los cabitos que puedan tener, y se aplastan bien en un plato o fuente con un tenedor, se le echa un poco de jugo de uva o de naranja y luego se come todo junto con bananas.

Plátanos con uvas

Se combinan bien. Se rechazará la piel y semillas; procurar siempre que la uva sea bien dulce.

Plátanos con granadas

Buena combinación. Pueden comerse los granitos maduros junto con las bananas, pero es mejor exprimir las granadas en un vaso y beber el jugo con las bananas.

Plátanos con melocotones

Combinación regular. Es bueno elegir siempre los más jugosos.

Plátanos con albaricoques

Se combinan regularmente. Seleccionar siempre los más blandos y sanos.

Plátanos con palosantos o caquis

Combinan bien. Los caquis han de estar bien maduros y blandos. Son más alimenticios que las naranjas.

Plátanos con manzanas

Combinación regular. La manzana ha de ser lo menos ácida posible. Es preferible bien dulce.

Plátanos con moras

Buena combinación. Elegir siempre las más maduras y dulces, y resultará una comida verdaderamente deliciosa. Se procede igual que para las fresas.

Plátanos con tomates

Se combinan bien. Se eligen tomates sanos y bien maduros, se pasa el lomo del cuchillo por la piel para reblandecerla; de este modo, se pelan bien. Se echa en una fuente o plato la cantidad de bananas que se desee, peladas y partidas en rodajas, y después, los tomates pelados y en pedacitos; se revuelve y aplasta bien todo y se deja sin tocar cinco minutos; puede echársele también un poco de remolacha rallada; se come con una cuchara, masticando y ensalivando todo bien. Sirve para hacer las tres comidas en el día: desayuno, almuerzo y cena. Han de echarse dos tomates de tamaño regular por cada seis bananas.

Plátanos con zanahorias

Buena combinación. Se rallan dos atados de zanahorias buenas, grandes y tiernas, en una fuente, y un poquito de remolacha; luego se le agrega el jugo de varios tomates y se come conjuntamente con las bananas. Todas estas ensaladas de frutas y raíces crudas han de comerse sin condimento alguno (sal, aceite, limón, etc.). Pero sí deben masticarse bien y ensalivarse mejor.

Plátanos con lechugas

Combinan bien, pero han de ser lechugas tiernas y dulces. Se lavan y se pican en una fuente, luego un atado de zanahorias ralladas y tres tomates por persona. Se comen conjuntamente con bananas.

Plátanos con leche cruda

Se combinan bien. Este plato no conviene a las personas que padecen estreñimiento. Las bananas bien aplastadas en la leche, o bien puede hacerse un batido utilizando la máquina batidora.

LOS PLÁTANOS
COMO MEDICINA

Alimento y medicina para los niños

Tocante a la alimentación infantil, en el plátano se dan muy positivamente los presupuestos que hace 2500 años preconizaba Hipócrates en el sentido de que todo medicamento fuera al mismo tiempo producto alimenticio, y, recíprocamente, que todo alimento fuese también medicina.

Al hombre le hace falta no solamente alimentarse adecuadamente, sino descubrir más allá de su gusto la utilidad y la necesidad de los alimentos que consume.

Los plátanos son un alimento muy apropiado para los niños pequeños que los toman con gusto por su sabor y perfume. Es sobre todo por el modo de pelarse ofreciendo en condiciones higiénicas una pulpa sin pepitas ni hueso.

Además resulta fácil de aplastar con un tenedor y de pasar por una criba, batir a mano o también en un mezclador eléctrico.

De esta forma el puré de plátano es para el niño de pecho mayor, entre los siete y ocho meses, un rico alimento. Lo mismo que la manzana cruda rallada (véase nuestra obra *Virtudes curativas de la manzana),* el plátano, que posee una gran *eficacia antidiarreica,* si se consume exclusivamente, puede emplearse en los niños pequeños para curar *trastornos agudos digestivos, inflamaciones del intestino grueso* y hasta la *celiaquía,* una grave alteración intestinal y alimenticia crónica.

En el *esprue,* una enfermedad tropical todavía no suficientemente aclarada que ocasionalmente surge entre nosotros, el mejor e incluso más seguro remedio es el plátano. Los pacientes de esprue quedan curados como por milagro mediante un régimen exclusivo de plátano. El cuadro clínico de la celiaquía infantil corresponde en sus manifestaciones al esprue en los adultos. La forma tropical del esprue es de origen carencial e infeccioso inespecífico y se caracteriza por desnutrición, avitaminosis múltiple y heces voluminosas muy ricas en grasas y restos no digeridos. El esprue no tropical es una enteropatía caracterizada por la ausencia de una peptidasa que hidrolice los péptidos contenidos en el gluten, los cuales alteran la mucosa intestinal y, por ende, la absorción.

El régimen de plátanos modifica no sólo la desviación ácida del metabolismo, sino que, sobre todo, hace aumentar simultáneamente las reservas alcalinas necesarias en la sangre, lo que puede también reconocerse inmediatamente del modo más sencillo en la modificación de la reacción de la orina.

Si antiguamente era casi imposible salvar la vida a un niño gravemente enfermo de *celiaquía,* por fallecer la mayoría de una complicación infecciosa general, figura hoy la celiaquía entre las misiones más gratas de la pediatría, ya que desde la aparición del *régimen de plátanos* casi siempre se consigue devolver a los niños la salud y alegría de vivir.

La buena digestibilidad, la fácil absorción de la sacarosa, el abundante contenido en vitamina C de los plátanos crudos y maduros, que facilitan, en combinación con la leche completa, las proteínas, la grasa, el calcio y la lactosa, los convierten en un excelente alimento-medicamento para enfermos graves, febriles y subalimentados, embarazadas y lactantes, deportistas, obreros de trabajos pesados y personas ancianas con escaso apetito y formación insuficiente de jugo gástrico.

Aplicaciones terapéuticas del plátano

Hoy día son ya muchos los médicos, incluso los que utilizan los medicamentos más modernos y las técnicas quirúrgicas de vanguardia, que no dejan de aconsejar los plátanos a sus pacientes, y son los primeros en reconocer que en casos en los que habían fracasado las terapéuticas complicadas, esta fruta ha dado excelentes resultados. Incluso a veces incluyen las bananas en los menús para diabéticos, teniendo en cuenta que 50 g de bananas corresponden a 20 g de pan, más o menos.

Las personas que padecen ardores de estómago y regurgitaciones penosas temen esta fruta con razón. Los almidones insuficientemente degradados añaden ácidos a la secreción de sus mucosas gástricas. De ahí la conveniencia de comerlas cocidas.

En los casos de *edemas,* en los que el agua hincha las carnes y distiende la piel, la restricción, de sodio es absolutamente necesaria, ya que este elemento, del que se deriva la sal de cocina, posee la útil pero a veces excesiva propiedad de retener agua en los tejidos. Para luchar contra el sodio, otro elemento químico resulta particularmente activo: es el potasio, su verdadero antagonista. Gracias a él, hay sustitución de iones; el sodio tiende a huir y los tejidos eliminan el exceso de agua. Pues bien, el plátano ofrece más de 400 mg de potasio por 100 g de su peso. Así contribuye eficazmente a esta lucha antisodio, al mismo tiempo que frena el endurecimiento de las arterias y evita la esclerosis del filtro renal.

Otra ventaja del potasio es la de estimular la fibra cólica. Como por otra parte la banana contiene pectina, sustancia antidiarreica, esta fruta puede ser considerada como un *regulador natural del tránsito intestinal,* estimulante y calmante, al mismo tiempo, de las fibras musculares locales.

Los plátanos combaten la *gastritis,* la *diarrea* y la *nefritis* del riñón martirizado por el carnivorismo. Los carbohidratos del plátano están constituidos por levulosa que se absorbe fácilmente por simple difusión en el intestino. Como esta fruta pulposa es escasa en nitrógeno y sodio y tiene un alto poder alcalinizador, no sólo no irrita, sino que suaviza el aparato renal.

Los plátanos combaten también el *estreñimiento,* ya que por una parte poseen una sustancia fibrosa y por otra contribuyen a modificar la flora bacteriana del intestino.

En el estreñimiento de tipo espasmódico se deben evitar todos los productos irritantes, ya que si no poseen una consistencia blanda pueden dañar la pared intestinal, que se vuelve muy dolorosa.

Se trata, pues, de hallar un alimento que contenga suficiente celulosa para permitir los movimientos peristálticos (contracciones del intestino) sin causar irritación. Conviene asimismo consumir pocas proteínas animales para evitar las putrefacciones intestinales. El consumo de féculas debe ser moderado. Y hay que evitar la eventual insuficiencia calórica mediante el aporte suficiente de alimentos energéticos. Por todo ello, las bananas son el alimento idóneo. Pero hay más.

La *colitis ulcerosa,* que es una penosa afección, resulta intensamente aliviada mediante el consumo de plátanos. Los pacientes presentan náuseas, inapetencia y han de evacuar frecuentemente. Necesitan, pues, una alimentación que sea bien asimilada y no aumente la inflamación de las paredes irritadas o ulceradas del colon. Las bananas maduras chafadas con un tenedor constituyen el alimento ideal. Si se consumen desde los comienzos de la enfermedad se puede esperar una curación completa.

En los casos de *úlcera gástrica,* el plátano está muy indicado. Neutraliza el ácido clorhídrico del estómago y favorece la cicatrización de la úlcera. El paciente soporta bien esta fruta si la absorbe en pequeñas cantidades. Si se añade a la banana chafada una preparación rica en proteínas, como leche o extracto de soja, la acción neutralizante es mejor y el valor nutritivo más elevado. El plátano contiene una vitamina, la llamada vitamina U o «factor antiúlcera», que es eficaz para prevenir y curar las crisis agudas de las molestias ulcerosas.

Se toman 2 plátanos y 100 g de leche, y se tritura todo junto en la batidora hasta formar una papilla homogénea. Se toma esta papilla 3 o 4 veces al día, además de los restantes alimentos permitidos en la úlcera.

Uniendo la cura de col y la cura de plátanos, los brotes agudos de la enfermedad suelen desaparecer en pocos días.

Se recomienda la dieta de bananas en los casos de *alergia* de origen alimentario, que se manifiesta por erupciones cutáneas, trastornos digestivos o asma. También se prescribe este régimen en el eczema alérgico.

Se pueden utilizar los plátanos como alimento único o básico mientras se realizan los test de eliminación sucesiva de alimentos para determinar el causante de la alergia. Como las bananas contienen numerosos elementos nutritivos, se las incluye en el régimen para evitar cualquier carencia eventual en el caso de tener que suprimir un alimento importante identificado como el responsable de la enfermedad.

Los plátanos contienen suficiente hierro para permitir la regeneración de la hemoglobina y curar la anemia.

La *pelagra,* debida principalmente a una insuficiencia de niacina, se traduce en la imposibilidad de asimilar las vitaminas del grupo B por un mal funcionamiento del intestino. Los plátanos favorecen el restablecimiento de las funciones intestinales normales.

También se hallan recomendados en los casos de *uremia* (presencia en la sangre de urea, sustancia tóxica), ya que evitan la fatiga del riñón. Se pueden consumir hasta diez al día durante tres o cuatro días. Se aconseja igualmente este régimen en caso de *nefritis*.

Asimismo, se reconoce un gran valor terapéutico al plátano para cuidar otras afecciones como la *gota, las enfermedades del corazón* (las bananas contienen poca sal, casi ninguna grasa y se hallan exentas de colesterol) y *la fiebre tifoidea* (la diarrea implica a menudo complicaciones y se ha comprobado que las bananas restablecen la alcalinidad intestinal).

Conviene dar plátanos a las personas que han de sufrir una intervención quirúrgica y a las que acaban de ser operadas, ya que su elevado contenido en vitamina C asegura una cicatrización rápida.

El plátano, regulador del sistema nervioso

Mediante los test biológicos, la ciencia espera poder detectar enfermedades escondidas y hallar pruebas concretas para justificar hipótesis clínicas. Así, se ha visto con esperanza que los investigadores hayan puesto en evidencia una relación directa entre el contenido de la orina en *serotonina* (albúmina sérica) y la existencia de tumores malignos en el intestino delgado. Asimismo, para buscar los tumores de las glándulas suprarrenales –tumores que provocan crisis paroxísticas de hipertensión–, la medida de la *noradrenalina* en la orina resulta muy reveladora.

Pero resulta que los plátanos vienen a jugar un papel de aguafiestas. Si la víspera del examen el paciente ha consumido plátanos, su tasa de serotonina y de noradrenalina aumenta extraordinariamente e invalida el resultado de aquellos análisis.

Sin embargo, aun cuando estos efectos sean verdaderamente perturbadores para la ciencia moderna, ello viene compensado por la ayuda que las bananas representan para la relajación del hombre sobrefatigado de nuestros días.

Investigadores del Bethseda Institute, de Estados Unidos, han demostrado que estas dos hormonas –serotonina y noradrenalina– aportadas por las bananas, son eficaces reguladores del sistema nervioso a la vez que principios energéticos que pueden corregir alteraciones metabólicas.

Sostienen, pues, estos investigadores que los plátanos pueden ser de gran utilidad para quienes padecen *esquizofrenia,* ya que según las más recientes teorías, esta enfermedad es debida a una deficiencia del metabolismo.

En otros términos, los plátanos pueden sustituir los medicamentos tranquilizantes con la ventaja de no ser una droga sino un alimento agradable y natural.

APROVECHAMIENTO
DE LOS PLÁTANOS

Como es sabido, el plátano debe ser cogido verde a fin de poder soportar su trasporte. La maduración en curso del viaje es particularmente temida. En efecto, el plátano maduro no se conserva más de 48 horas. Así, cuidadosas atenciones presiden el trasporte de esta frágil fruta. En las calas de los navíos la acumulación de géneros comporta peligrosos aumentos de temperatura, a veces incluso de más de 30°. Una temperatura constante de alrededor de 12° así como una vigilancia muy estricta de la ventilación se imponen imperiosamente.

A costa de estos esfuerzos, el plátano llega perfectamente verde hasta nuestras ciudades y es allí donde, sin adición de productos químicos conservantes, a diferencia de lo que ocurre desgraciadamente con otros alimentos, se guarda hasta que se consume. Según este punto de vista, el plátano puede ser considerado como una fruta completamente sana.

Como ya hemos dicho, cuando el plátano está verde se halla esencialmente formado de almidón, difícil de trasformar por el fermento ptialínico, lo que puede acarrear indigestión. Pero la maduración trasforma poco a poco el almidón en dextrina, azúcar y otros derivados glúcidos que se asimilan perfectamente y dan al plátano su sabor exquisito.

La coloración de la piel muestra igualmente esta degradación. Un plátano enteramente amarillo con motas oscuras (atigrado) sólo tiene un 1 por 100 de almidón.

Se podría temer que el plátano cosechado verde para poder soportar los largos trasportes necesarios para llegar a los mercados europeos, no poseyera las cualidades que le confiere la maduración natural en el árbol gracias a los rayos solares; pero la maduración artificial se obtiene actualmente en condiciones muy estudiadas que no presentan inconveniente para el valor nutritivo del fruto.

Esta maduración se lleva a cabo en cámaras calentadas con gas. El desprendimiento de agua que acompaña a las combustiones de éste «tropicaliza» la atmósfera. Los plátanos llegan rápidamente a la madurez y pueden ser así vendidos o a punto de consumir o poco menos.

Una maduración tal, sin aire puro ni luz, en medio de elementos deletéreos, ¿permite un pleno desarrollo del plátano? ¿El calor húmedo solo puede remplazar la savia de la planta, el oxígeno de los trópicos y la caricia de los rayos del sol? Desgraciadamente, no. El gas solamente permite trasformar en azúcares las sustancias amiláceas del fruto verde, pero sacrificando muchas riquezas que sólo la tierra de origen habría aportado.

Si los indígenas convalecientes de fiebres graves se restablecen en un tiempo récord gracias a la alimentación exclusivamente a base de plátanos, y si algunas aves que en toda su vida sólo consumen esta fruta alcanzan edades muy elevadas, es ante todo porque el plátano se les ofrece tal como la naturaleza lo ha madurado. Sin embargo, las cualidades que todavía le quedan después de la maduración artificial también merecen ser apreciadas.

Cosechado maduro y secado bajo el sol, el plátano presenta un gran interés: su riqueza calórica es todavía mayor y, convenientemente triturado, pulverizado y tamizado, proporciona una harina que sirve para preparar caldos muy sabrosos y útiles. Se puede consumir tal cual dejándolo en agua durante algunas horas o cocido, en forma de mermelada.

Un plátano de buena calidad debe tener una forma regular, un perfume agradable y un bonito color amarillo, homogéneo o punteado de manchas oscuras (atigrado). Su pulpa es blanca, azucarada, sabrosa.

La decocción de plátano seco da un jugo suavizante contra tos crónica, catarros, laringitis, dolores de garganta, sobre todo si se les añaden higos secos y uvas pasas, mezcla recomendada como calmante en la tráqueo-bronquitis y en la gripe. A tal fin se prepara una tisana con 10 g de higos secos, 10 g de azufaifa, 20 g de uvas pasas y un plátano seco. Se deja todo en infusión una hora en un litro de agua hirviendo poco mineralizada y se bebe caliente una tacita de cuando en cuando.

También sé aconseja para calmar la tos el siguiente compuesto: se cortan en rodajas 100 g de plátanos secos, se hacen hervir en medio litro de agua hasta reducir a la mitad. Al final de la ebullición se añade una decocción de 25 g de pétalos de amapola, se dejan en infusión durante una hora y después se cuela exprimiendo bien. Se toma caliente, como la anterior decocción.

Hemos visto, pues, que los plátanos tienen múltiples aplicaciones en dietética vegetal como alimento nutritivo de amplia valoración trofológica, como lo pueden tener el arroz y las patatas. Es la fruta ideal para variados guisos y postres. Hay quien prepara apetitosos platos mediante rebanadas de plátanos con leche o yogur, o con zumos de naranja y uva. Pueden también tomarse con miel o polen, completando así dicha fruta con sustancias proteicas y vitamínicas.

RECETAS CULINARIAS
A BASE DE PLÁTANOS

Ensalada de bananas

Ingredientes:
- 1 endivia
- 1 banana poco madura
- 1 cucharada de mahonesa
- un pellizco de perejil picado
- 12 aceitunas

Preparación:

Se corta la banana en rodajas de pocos milímetros de grueso y la endivia en finas tiras. Se mezclan todos los ingredientes y se decora la ensalada con una hoja de lechuga o una rodaja de limón.

Plátanos flambeados

Ingredientes:
- 60 g de azúcar
- 40 g de mantequilla
- 1 naranja
- 1 copa de coñac
- 1 copa de curaçao
- plátanos

Preparación:

Disolver en una cacerola el azúcar con un poco de agua, después añadir la mantequilla, el zumo de la naranja, el coñac y el curaçao. Cocer durante un par de minutos mezclando. Incorporar a la mezcla anterior los plátanos ya mondados y cortados a lo largo y hervirlo todo junto algunos minutos. Acomodarlos sobre un plato resistente al fuego. Espolvorear con azúcar y flambear con una cucharada de coñac.

Bocadillo de banana

Ingredientes:
- 1 panecillo
- 1 banana
- 5 o 6 avellanas
- 1 cucharada de miel

Preparación:
Se mezcla la banana con la miel, se distribuye sobre el panecillo, cortado por la mitad, y se cubre con las avellanas trituradas.

Sopa de plátanos

Ingredientes:
- 150 g de cebolla
- 2 plátanos
- ½ l de agua
- mantequilla
- harina
- queso rallado
- sal y pimienta

Preparación:
Dorar la cebolla con un poco de mantequilla, espolvorear con un poco de harina, añadir ½ l de agua y dejar hervir durante unos 10 minutos aproximadamente. Salpimentar al gusto. Añadir después dos plátanos no demasiado maduros cortados en daditos. Un momento antes de servir añadir queso rallado y tapar durante unos instantes.

Sopa Mirabolant

Ingredientes:

- 1 cebolla pequeña
- 2 plátanos
- 1 diente de ajo
- algunos champiñones
- un ramillete de perejil
- margarina
- ½ l de agua
- leche
- corteza de limón

Preparación:

Picar la cebolla, el ajo, los champiñones y el perejil. Dorar todo con una nuez de manteca de cerdo o margarina. Después añadir ½ litro de agua hirviendo, sal, pimienta y dejar cocer durante 20 minutos. Pasarlo todo por el colador, añadir una taza de leche y una corteza de limón. Volver a poner al fuego. Obtenida la ebullición, unir 2 plátanos chafados diluidos en un poco de leche fría. Cocer otros 10 minutos y servir.

Anchoas al plátano

Ingredientes:

- anchoas en aceite
- plátano
- 1 yema de huevo duro

Preparación:

Alternar en un plato una capa de anchoas en aceite y una capa de plátano cortado a tiras en el sentido de la longitud. Cubrir con una yema de huevo duro triturada.

Plátanos con puerros

Ingredientes:

- puerros
- 1 plátano
- 1 vasito de vino blanco
- 1 vaso de agua
- 2 cucharas de aceite de oliva
- sal

Preparación:

Escaldar con agua salada los puerros, escurrirlos y ponerlos en una cacerola con 1 vasito de vino blanco, 1 vaso de agua y 2 cucharadas de aceite de oliva. Añadir trozos de plátano cortado en rodajitas. Cocer a fuego lento y servir frío.

Canapés de gambas

Ingredientes:

- gambas
- plátanos
- pan
- mantequilla
- limón

Preparación:

Cortar el pan en rebanadas y freír en mantequilla. Mientras están todavía calientes, untarlas con un puré de bananas chafadas. Sobre éstas poner gambas peladas y completar con una rodajita de limón.

Filetes de lenguado con plátanos

Ingredientes:

- filetes de lenguado
- 2 plátanos
- limón
- harina
- mantequilla
- sal
- pimienta
- perejil

Preparación:

Poner a marinar los filetes de lenguado durante 10 minutos en agua y limón. Sacarlos de la marinada, escurrirlos, enharinarlos y freírlos con mantequilla dorada. Salpimentar. Cortar en rebanadas a lo largo 2 plátanos, enharinarlos después de haberlos salpimentado y ponerlos en el fondo de cocción de los filetes de lenguado que se habrán reservado aparte. Alternar en la bandeja de servicio plátanos y pescado, verter encima una salsa hecha con mantequilla fundida dorada a la que se le habrá añadido el zumo de un limón. Guarnecer el plato con perejil picado.

Plátanos al rescoldo

Después de haberles practicado algunos agujeros en la corteza pinchándolos, se ponen a cocer en el rescoldo de un buen fuego, comiéndolos cuando todavía están calientes, después de separar su corteza.

Bananas y espinacas

Ingredientes:
- espinacas
- bananas
- 20 g de mantequilla
- leche
- aceite

Preparación:

Cocer espinacas, escurrirlas y pasarlas por el tamiz. Dorar la mantequilla, añadir unas gotas de leche, después las espinacas pasadas y remover procurando que no se fríen. Aparte, freír en la mantequilla bananas cortadas a lo largo por la mitad y servirlas como acompañamiento del puré de espinacas.

Rollitos de plátano

Ingredientes:
- filetes de ternera finos
- plátanos
- nata líquida
- sal
- pimienta

Preparación:

Calcular un filete de ternera para cada comensal, rellenarlo con pulpa de plátano chafada, a la que se habrá añadido pimienta y arrollar como un paquete cerrándolo con un palillo. Dorar en la mantequilla los rollitos y disponerlos sobre una fuente cubriéndolos con el fondo de cocción al cual se habrá añadido una cucharada de nata líquida.

Pescadilla con plátanos

Ingredientes:

- pescadilla en rodajas
- 2 plátanos
- mantequilla
- harina
- 2 cucharadas de nata líquida
- cebolleta
- champiñones, vino blanco
- zumo de limón, y 1 yema de huevo.

Preparación:

Freír en mantequilla las rodajas de pescadilla apenas enha-
rinadas, completar su cocción con un poco de vino blanco.
Cortar en rodajas finas 2 plátanos y macerarlos durante 10
minutos en el zumo de un limón. Añadirlas al pescado junto
con la cebolleta y algunos champiñones. Dejar cocer despacio todos los ingredientes durante algunos minutos y, al
momento de servir, ligar el fondo de cocción con una yema
de huevo y 2 cucharadas de nata líquida.

Canapés de plátano y coco

Ingredientes:

- 4 plátanos
- ½ coco
- miel
- pan integral

Preparación:

Se cortan rebanadas de pan, se cubren con una capa de miel y
con otra de rodajas de plátano mondado y se espolvorea con
coco rallado.

Hígado de ternera a la mexicana

Ingredientes:

- 300 g de hígado de ternera
- 6 plátanos
- oporto
- mantequilla
- 1 cucharada de mostaza
- 1 yema de huevo
- sal
- pimienta
- tomillo

Preparación:

Poner a marinar los plátanos en rodajas durante dos horas en vino de Oporto. Cocer en mantequilla 300 g de hígado de ternera en filetes; salar y pimentar, añadir un pellizco de tomillo y una cucharada de mostaza. Cocer por los dos lados. Disponer ahora el hígado sobre una fuente caliente y disolver en el fondo de cocción la marinada de los plátanos. Ligar por último con una nuez de mantequilla y una yema de huevo. Añadir los plátanos. Verter la salsa bien caliente sobre los filetes de hígado.

Plátanos chantillí

Ingredientes:

- 4 plátanos,
- 4 cucharadas de nata
- 1 vaso de zumo de naranja

Preparación:

Se ponen los plátanos, mondados y cortados en rodajas, a remojar en el zumo de naranja. A los cinco minutos se adorna con nata y se sirve.

Asado de cerdo Guadalupe

Ingredientes:
- carne de cerdo para asar
- 12 bananas
- mantequilla
- 1 vasito de ron
- sal y pimienta
- tomillo
- nuez moscada

Preparación:

Preparar un asado de cerdo al horno, salpimentado y aliñado con tomillo. Pasar por la batidora las bananas y poner esta mezcla en un cazo con mantequilla ya dorada, un pellizco de nuez moscada y un vasito de ron. Dejar cocer despacio, tapado, y servir luego esta salsa con el asado.

Frito de calabacines y bananas

Ingredientes:
- calabacines
- bananas
- aceite
- pimentón
- sal

Preparación:

Pelar los calabacines, cortarlos en rebanadas largas y dejarlos en reposo después de haberlos salado. Proceder de la misma manera con las bananas acerbas. Sacar las unas y las otras, freír en aceite hirviendo y dejar dorar sacándolas de la sartén con la espumadera para ponerlas sobre un papel absorbente. Rociar con pimentón antes de servir.

Pollo al plátano

Ingredientes:
- pollo
- plátanos
- 12 puerros
- 50 g de panceta de cerdo
- mantequilla
- perejil

Preparación:
Dorar el pollo en la mantequilla y añadir de vez en cuando un poco de agua fría, añadir después los puerros cortados finos y la panceta. Cocer a fuego lento durante 45 minutos. Aparte, pelar los plátanos (que sean más bien acerbos), dividirlos en cuatro y cocerlos en agua hirviendo durante 15 minutos. Escurrirlos y añadir al pollo 15 minutos antes de que éste esté cocido. Servir rociando de perejil picado.

Aves y bananas

Ingredientes:
- Un ave (pavo, pollo, faisán, pato o pichón)
- bananas
- aceite
- limón
- sal y pimienta
- harina

Preparación:
Asar el ave. Mientras, cortar algunas bananas acerbas en rebanadas a lo largo y ponerlas a marinar durante 30 minutos en aceite rociado de zumo de limón, sal y pimienta. Aparte, preparar la usual masa para fritos, sumergir en ella, una por una, las largas rebanadas de banana y freír en aceite hirviendo. Servir como acompañamiento del asado.

Bananas al queso

Ingredientes:

- bananas
- queso gruyere
- harina
- mantequilla
- pan rallado
- sal
- pimienta

Preparación:

Dividir en dos las bananas, no demasiado maduras, antes de pelarlas, sacar la pulpa y dorarla en mantequilla con sal y pimienta. Preparar una bechamel al queso gruyere, más bien espesa. Poner una capa de bechamel en las medias cortezas de las bananas, otra de pulpa de banana y finalizar con más bechamel. Espolvorear con pan rallado y meter al horno.

Bananas javanesas

Ingredientes:

- bananas
- leche de coco
- 1 taza de harina blanca
- aceite
- sal
- azúcar
- jarabe

Preparación:

Preparar una masa líquida con agua, leche de coco, una taza de harina blanca, sal y azúcar. Pelar las bananas y rebanarlas a lo largo después de haberlas cortado por la mitad; pasarlas por la masa y freír en aceite hirviendo. Servir con un jarabe perfumado de jengibre.

Bananas Senegal

Ingredientes:
- bananas muy maduras
- azúcar
- ron

Preparación:
Abrir las bananas y quitar la pulpa procurando no romper la piel. Cortar en rebanadas el fruto pero sin separar del todo las rebanadas. Poner a macerar en una marinada de azúcar y ron. Volver a poner ahora las bananas en la piel y disponerlas en una fuente de horno durante 15 minutos.

Croquetas de plátano

Ingredientes:
- un vaso y medio de agua
- 75 g de aceite
- 2 cucharadas de miel
- 175 g de harina de trigo
- 3 huevos
- 4 plátanos

Preparación:
Hervir el agua y añadir poco a poco la harina, removiendo continuamente. Añadir el aceite. Cuando la pasta resulta bien untuosa, se le añaden los huevos, previamente batidos, y se va removiendo hasta que la pasta queda homogénea. Por otra parte, se mondan y aplastan los plátanos; se les mezcla la miel y se añade todo ello a la pasta, con lo que se obtiene la base para preparar las croquetas, que se fríen en aceite hirviendo, hasta quedar bien doradas. Se escurren y se sirven en una fuente.

Plátanos estilo suizo

Ingredientes:

- 1 plátano
- 1 quesito «petit-suisse»
- 1 cucharada de miel

Preparación:

Se cuece el plátano con su corteza sumergiéndolo durante tres minutos en agua hirviendo, como para hacer un huevo pasado por agua, se deja enfriar y se monda. Se chafa en un plato con la ayuda de un tenedor y se le añade el «petit-suisse» y la miel. Hay que mezclar bien para obtener una crema perfectamente fina. Si el plátano está suficientemente maduro –y sólo en este caso– se puede hacer igualmente la mezcla sin necesidad de cocerlo.

Bananas estilo Guayana

Ingredientes:

- 4 cucharadas de sémola de trigo
- 1 banana madura
- 1 cucharada de miel
- un pellizco de canela en polvo
- ¼ l de leche de vaca o de almendras.

Preparación:

Durante 5 minutos se cuece a fuego lento la sémola en la leche. Se añade la banana cortada en finas rodajas y se vierte en moldes ligeramente untados de aceite. Se deja enfriar y se vuelve el molde obteniendo una especie de flan que se guarnece con la canela en polvo. Se puede servir, si se desea, cubierto con jugo de frambuesa o con una crema inglesa.

Plátanos al horno

Ingredientes:
- 8 plátanos
- 4 manzanas
- 1 limón
- 50 g de miel
- 30 g de aceite
- 8 hojas de aluminio

Preparación:
Se mondan las manzanas y se trituran. Se mondan los plátanos y se parten a lo largo por la mitad. Se intercala entre los dos trozos una capa de manzana triturada regada con un poco de zumo de limón y algo de miel. Se envuelve cada banana en una hoja de aluminio untada de aceite y se cuecen al horno durante ¼ de hora.

Ensalada de vegetales crudos y plátanos

Ingredientes:
- escarola o lechuga
- rábanos
- zanahorias
- perejil
- cebolla
- aceite
- sal
- zumo de limón
- 2 plátanos

Preparación:
Se limpian las hortalizas, se mondan los plátanos y se cortan en trozos pequeños. Se mezcla todo y se adereza con cebolla y perejil picados, el aceite, la sal y el zumo de limón.

Plátano y fresas con nata

Ingredientes:

- 2 tazas de fresas o fresones,
- 1 taza de nata,
- 1 o 2 plátanos,
- azúcar moreno
- zumo de limón

Preparación:

Se lavan y se escurren bien las fresas, se sazonan con azúcar y zumo de limón. Se monda el plátano y se reduce a crema chafándolo con un tenedor se mezcla con las fresas y se cubre con nata. Se sirve enseguida.

Tostadas con plátanos

Ingredientes:

- varias rebanadas de pan integral
- 6 plátanos
- 6 cucharadas de avellanas
- 2 cucharadas de miel
- un poco de mantequilla vegetal o de leche

Preparación:

Pelar los plátanos. Chafarlos con un tenedor hasta darles la consistencia de una pasta, que se mezclará con las avellanas previamente picadas con la máquina. Después, sobre las rebanadas de pan que ya estarán tostadas, se extiende una ligera capa de mantequilla y sobre ésta otra capa de miel. Por último, se extiende encima la pasta de plátanos con avellanas.

Copa de plátano con crema blanca

Ingredientes:
- 2 plátanos
- 10 avellanas
- 3 claras de huevo
- miel
- azúcar

Preparación:
Picar las avellanas, mezclarlas con miel y un poco de agua y repartir la mezcla en varias copas. Colocar encima unas rodajas de plátano mondado. Montar las claras con algo de azúcar y repartir entre las copas sobre la capa de plátano.

Suflé de plátanos

Ingredientes:
- 4 plátanos maduros grandes
- 50 g de azúcar
- 1 cucharada de harina
- ½ taza de leche, mantequilla
- 2 yemas de huevo
- 3 claras de huevo
- sal

Preparación:
Pelar los plátanos sin romper mucho la cáscara y pasar la pulpa por el tamiz. En un cazo preparar una crema con el azúcar, la harina, la leche hervida y un pellizco de sal. Unir ahora la pulpa de plátano, una nuez de mantequilla, dos yemas de huevo y tres claras batidas a punto de nieve bien prendida. Rellenar la piel de los plátanos con el compuesto y colocarlo en el horno caliente durante 5 minutos. En el momento de llevar a la mesa espolvorear de azúcar.

Plátanos con zumo de naranja

Ingredientes:
- 3 plátanos,
- el zumo de 2 naranjas
- miel

Preparación:
Chafar los plátanos mondados con un tenedor hasta reducirlos a crema, mezclarlos con el zumo de naranja y endulzar el conjunto con miel. Es un plato excelente para bebés, sobre todo en el destete.

Tarta de plátanos

Ingredientes:
- masa quebrada
- plátanos
- ron
- mermelada de albaricoque
- 1 clara de huevo
- 100 g de azúcar

Preparación:
Extender la masa quebrada y cocerla en una tartera baja. Mientras, poner a marinar los plátanos cortados en rodajas con el ron. Una vez cocida la masa, rellenarla con los plátanos y cubrirla después con una mermelada de albaricoque diluida. Preparar ahora el merengue con las claras de huevo batidas a punto de nieve y el azúcar. Cubrir la superficie de la tarta con el merengue empleando la manga pastelera. Poner al grill el tiempo necesario para colorear ligeramente el merengue.

Nieve de plátanos y manzanas

Ingredientes:

- ½ taza de manzana rallada
- ½ taza de plátano chafado
- 3 claras de huevo
- azúcar
- zumo de limón

Preparación:

Mezclar bien la manzana, el plátano, el zumo de limón y el azúcar, y batir hasta que la mezcla tenga una consistencia parecida a la crema. Agregar las claras de huevo batidas a punto de nieve y servirlo.

Plátanos al limón

Ingredientes:

- plátanos
- zumo de limón
- azúcar

Preparación:

Disponer los plátanos mondados y dejados enteros en una cacerola. Cubrir de agua acidulada con el zumo de 2 limones al cual se añaden 20 g de azúcar por cada plátano. Dejar hervir despacio, después disponer los plátanos sobre una fuente y reducir el líquido que ha quedado a la mitad de su volumen. Verterlo sobre los plátanos y servir frío.

Copa de plátanos

Ingredientes:
- 4 plátanos
- yogur
- 2 cucharadas de pasas secas
- 3 cucharadas de avellanas picadas

Preparación:
Cortar los plátanos en rodajas, mezclarlos con las avellanas y las pasas y formar una capa; cubrirla de yogur, poner otra capa de pasas y otra de yogur.

Crepes de plátano

Ingredientes:
- pasta de crepes
- crema pastelera
- plátanos
- mantequilla
- azúcar

Preparación:
Preparar una pasta de crepes según la receta tradicional y hacer tantas piezas como salgan cuidando de no cocerlas demasiado. Aparte preparar una crema pastelera perfumada con vainilla, más bien densa. Untar cada pieza con la crema pastelera, después ponerle medio plátano cortado en el sentido longitudinal y arrollar. Disponer las crepes en una tartera untada de mantequilla y pasar durante 7 minutos al horno moderado. Antes de servir, espolvorear de azúcar y verter por encima la mantequilla fundida caliente.

Plátanos con miel

Ingredientes:

- 6 plátanos
- 3 cucharadas de miel
- agua y zumo de limón

Preparación:

Se deslíe la miel en agua algo caliente y, se mezcla con zumo de limón Una vez frío, este jarabe se vierte sobre una compotera en la que se habrán dispuesto los plátanos mondados y cortados en rodajas.

Crema espumosa de plátanos

Ingredientes:

- 4 plátanos
- el zumo de 3 naranjas
- 100 g de nata

Preparación:

Se pelan los plátanos y con el tenedor se reducen a crema. Se incorpora el zumo de naranja y cuando está bien mezclado se añade la nata. Se revuelve bien y se sirve enseguida.

Crema de almendras y plátanos

Ingredientes:

- 135 g de almendras
- 3 plátanos
- 1 vasito de nata
- 1 cucharada de azúcar

Preparación:

Mondar las almendras y machacarlas en el mortero; chafar los plátanos y mezclarlos con las almendras, el azúcar y la nata.

Bananas confitadas

Ingredientes:

- 8 bananas
- 50 g de aceite
- 50 g de miel
- 1 cucharada de jarabe de grosella

Preparación:

Se mondan los plátanos y se fríen ligeramente en aceite caliente; se mezclan con su piel y un poco de agua y se dejan cocer durante 5 minutos. En el momento de servir se recubren del jarabe de grosella diluido en un poco de agua.

Mermelada de bananas

Ingredientes:

- azúcar
- agua
- bananas
- 2 naranjas

Preparación:

Preparar un jarabe que señale 38° en el pesajarabes. Pesar 1200 g de bananas peladas y cortadas en rodajas y echarlas poco a poco en el jarabe. Cocer removiendo siempre a fuego moderado durante 20 minutos. Cinco minutos antes de sacar del fuego añadir el zumo de las naranjas. Espumar y poner en vaso.

Plátano Beauharnais

Ingredientes:
- plátanos
- mantequilla
- azúcar
- ron
- nata fresca
- almendras picadas

Preparación:
Colocar los plátanos, sin piel, en una tartera untada de mantequilla. Espolvorear de azúcar y regar con algunas cucharadas de ron. Poner primero al fuego durante algunos minutos, después inmediatamente al horno caliente durante 5 minutos. Apenas sacado del horno, verter sobre los plátanos nata fresca y una docena de almendras troceadas. Añadir bolitas de mantequilla por la superficie y volver a poner al horno durante algunos minutos.

Sinfonía de plátanos

Ingredientes:
- mermelada de fresa
- plátanos
- crema chantillí

Preparación:
Sobre el fondo de una copa de cristal disponer una capa de unos 2 cm de mermelada de fresa; sobre ésta extender los plátanos cortados en rodajas de mediano espesor. Cubrir con crema chantillí y poner en el frigorífico durante una hora.

Budín de plátano

Ingredientes:

- 3 plátanos
- mantequilla
- azúcar
- raíces de ruibarbo
- 2 yemas
- 1 clara de huevo

Preparación:

En una tartera untada de mantequilla cocer al horno tres plátanos cortados en rebanadas largas y bien azucaradas. Aparte cocer en agua y azúcar raíces de ruibarbo, chafarlas luego con un tenedor y añadir las yemas de huevo y la clara batida a punto de nieve. Preparar un molde untado de mantequilla y alternar en él ruibarbo aplastado y rebanadas de plátano. Cocer a fuego moderado durante 15 minutos.

Arroz al jarabe

Ingredientes:

- 10 bananas maduras
- azúcar
- 2 limones
- mantequilla
- arroz

Preparación:

Cortar las bananas en rebanadas delgadas, añadir igual peso de azúcar, el zumo de los limones y cocer en un molde untado de mantequilla al baño maría durante unas 3 horas. Aparte preparar el arroz hervido en agua y escurrirlo. Servirlo con el jarabe de bananas ya preparado.

Helado de plátanos

Ingredientes:
- 3 dl de nata
- 1 l de leche fresca
- 200 g de pulpa de plátanos maduros
- 100 g de azúcar
- ½ limón
- 1 copa de coñac
- nata para montar

Preparación:
Diluir la nata en la leche no hervida y batir largo tiempo. Pasar por el tamiz la pulpa de plátano, añadir el azúcar, el zumo de limón y la copa de coñac. Mezclar bien con la nata montada. Disponer en los moldecitos para poner a helar.

Tcha Hiang tsiao p'ing (receta china)

Ingredientes
- 10 plátanos
- 250 g de azúcar
- 150 g de harina
- 10 huevos
- aceite
- azúcar

Preparación:
Reducir a papilla en el mortero la pulpa de los plátanos. Mezclar con el azúcar, la harina y los huevos batidos. Extender la pasta obtenida sobre una tabla hasta que tenga un dedo de espesor. Con un vasito se hacen unos discos y se fríen en una sartén en el aceite hirviendo. Sacar del aceite y disponerlos sobre un papel absorbente antes de espolvorearlos de azúcar.

Plátanos al vino tinto

Ingredientes:

- 8 plátanos maduros
- 1 naranja
- azúcar
- vino tinto

Preparación:

Disponer en una copa de cristal los plátanos cortados en rodajitas. Añadir la naranja en gajos. Espolvorear con azúcar y regar con buen vino tinto. Dejar macerar durante una hora al menos antes de servir.

ÍNDICE

Introducción 5

ORIGEN DEL BANANO 9

CARACTERES BOTÁNICOS 15
  Sistema radical 15
  Rizoma.. 16
  Raíces... 16
  Tallo 17
  Hojas 18
  Flores 20
  Fruto 21

ESPECIES Y VARIEDADES 25
  Plataneros de fruto azucarado 25
  Plataneros de fruto no azucarado 28

CULTIVO DEL BANANERO 31
  Clima y área de cultivo 31
  Terreno 31
  Multiplicación 32
  Cultivo 33
  Recolección y empleo de los frutos 35

Los plátanos como alimento 37
    Regulación de la maduración 38
    ¿Cuándo es consumible el plátano? 38
    Composición del plátano 39
    Valor dietético 40
    Bananas desecadas 43
    Cómo debe consumirse el plátano 43
    Incompatibilidades del plátano....................... 44
    Compatibilidades del plátano 45

Los plátanos como medicina 51
    Alimento y medicina para los niños 51
    Aplicaciones terapéuticas del plátano 53
    El plátano, regulador del sistema nervioso 56

Aprovechamiento de los plátanos 59

Recetas culinarias a base de plátanos 63
    Ensalada de bananas 65
    Plátanos flambeados 65
    Bocadillo de banana 66
    Sopa de plátanos 66
    Sopa Mirabolant 67
    Anchoas al plátano 67
    Plátanos con puerros 68
    Canapés de gambas 68
    Filetes de lenguado con plátanos 69
    Plátanos al rescoldo 69
    Bananas y espinacas 70
    Rollitos de plátano 70
    Pescadilla con plátanos 71
    Canapés de plátano y coco 71
    Hígado de ternera a la mexicana 72
    Plátanos chantillí 72

Asado de cerdo Guadalupe 73
Frito de calabacines y bananas 73
Pollo al plátano 74
Aves y bananas 74
Bananas al queso 75
Bananas javanesas 75
Bananas Senegal 76
Croquetas de plátano 76
Plátanos estilo suizo 77
Bananas estilo Guayana 77
Plátanos al horno 78
Ensalada de vegetales crudos y plátanos.................... 78
Plátano y fresas con nata 79
Tostadas con plátanos 79
Copa de plátano con crema blanca 80
Suflé de plátanos 80
Plátanos con zumo de naranja 81
Tarta de plátanos.. 81
Nieve de plátanos y manzanas 82
Plátanos al limón 82
Copa de plátanos 83
Crepes de plátano... 83
Plátanos con miel 84
Crema espumosa de plátanos 84
Crema de almendras y plátanos................................. 84
Bananas confitadas 85
Mermelada de bananas 85
Plátano Beauharnais 86
Sinfonía de plátanos 86
Budín de plátano 87
Arroz al jarabe 87
Helado de plátanos 88
Tcha Hiang tsiao p'ing (receta china) 88
Plátanos al vino tinto 89